FE

VERBRENNEN

AM BAUCH

Für Männer und
Frauen jeden Alters

Vital abnehmen, gesund und länger
leben, ohne Hunger und Stoffwechsel
anregen sowie Muskelaufbau
ergänzend mit gesunder Ernährung

2. Auflage 2020

Titelbild und Covergestaltung: Boris M.

Inhaltsverzeichnis

1 Glückwunsch zum Kauf

Als erstes einmal vielen Dank, dass Du Dich für dieses Buch entschieden hast. Vielen Dank für Dein Vertrauen. Hier findest Du die wichtigsten und sehr hilfreichen Informationen zu diesem Thema!

1.1 Feedback

Da ich nicht perfekt bin und auch vermutlich das Buch nicht zu 100% perfekt ist, würde ich mich sehr über ein Feedback freuen (positive Aspekte, aber auch gerne Dinge, die verbessert werden könnten). Am besten direkt an meine persönliche E-Mail Adresse:

Clara-Day@gmx.de

Oder alternativ gerne auch per Post (die Anschrift findest Du am Ende des Buches).

1.2 Rezension

Des Weiteren würde ich mich natürlich sehr über eine Rezension freuen☺! Es ist enorm wichtig für mich und natürlich auch für weitere potenzielle Leser, dass es zu einem Buch viele aussagekräftige Rezensionen gibt.

https://www.amazon.de/review/create-review?&asin=B08DHFRC3R

1.3 100% Geld-zurück-Garantie

Sollte das Buch (egal ob ebook oder Taschenbuch) nicht Deinen Erwartungen entsprechen, werde ich Dir das Geld für das Buch zu 100% zurück überweisen!

Details zur Abwicklung findest Du am Ende des Buches.

2 Einleitung

Die Fettanlagerung am Bauch ist die Problemzone der Nation. Nicht sonderlich schön anzuschauen und nicht besonders gesund, trotzdem kann man den dicken Bauch nicht nur bei Männern erkennen. Auch Frauen lagern immer häufiger das viszerale Fett an. Viszerales Fett, was ist das? Unter diesem Begriff versteht die Medizin „die Eingeweide betreffend". Das heißt, es geht um das Fett, welches sich in und um die Eingeweide anlagert.

Dieses Fett ist nicht nur ein optischer Killer, sondern auch Deine Gesundheit wird dadurch beeinträchtigt. Fett am Bauch ist unter anderem für den Anstieg des Blutdrucks, des Blutzuckers und der Blutfettwerte verantwortlich. Ist das Fett einmal angelagert, gibt der Körper dieses nur ungern wieder her.

Hast auch Du diese Fettanlagerungen bemerkt und denkst darüber nach, das Fett loswerden zu wollen. Dann musst Du Dich nicht nur mit Sport beschäftigen. Sondern Du musst Dich mit der Ursache auseinandersetzen.

Eine Ursache kann ein hoher Stresslevel sein. Durch Stress werden Hormone ausgeschüttet, die das Fett genau dort am Bauch anlagert und festhalten. Dein Körper sieht dieses Fett als Puffer. Um es wieder abbauen zu können, musst Du nun nicht die strenge Diät durchziehen, sondern kannst den Fettabbau auch „alternativ" gestalten.

Wollen wir zusammen beginnen? Ich möchte Dir gerne mehr zu diesem Thema berichten und Dir erklären, was es damit auf sich hat, wenn der Körper Fett anlagert. Ich hoffe, dieser Ratgeber wird auch Dir helfen, Deinen Körper besser zu verstehen.

3   Fettanlagerungen am Bauch- was ist das?

Die Fettanlagerung am Bauch ist kein gesundes Polster, sondern kann durchaus zu einer gesundheitlichen Beeinträchtigung führen. Der Körper hat ganz natürlich ein Fettgewebe, welches sich unter der Haut befindet. Dieses Fett ist natürlich und nicht mit dem viszeralen Fett zu vergleichen. Hierbei handelt es sich um die Fettanlagerung, welche sich um Eingeweide anlagert. Durch diese Anlagerung kann der Bauchumfang anwachsen. Lagert der Körper an dieser Körperstelle Fett an, wird durch das Gewebe Fettsäure freigesetzt. Fettsäure sondert wiederum entzündungsfördernde Botenstoffe ab und schüttet Hormone aus, die Dir und Deinem Körper wenige Vorteile bringen.

Als Folge entsteht der bereits beschriebene Bluthochdruck, das Blutfett steigt an und es droht Diabetes im späteren Verlauf. Zu den Folgen kommen wir später noch einmal zu sprechen. Nun möchte ich noch einmal auf das Viszeralfett eingehen, welches sich speziell in der Bauchhöhle ansammelt. Es hat die Neigung, sich um Organe zu legen und vor allem den Verdauungstrakt einzuengen.

Anfänglich ist dieses Fett nicht sichtbar und dient sogar als Organschutz. Ab einer gewissen Menge kann das Fett jedoch einen Nachteil verzeichnen und wird sichtbar. Spätestens jetzt musst Du etwas Unternehmen, wenn Du nicht weitere Folgeerkrankungen riskieren willst.

Bei einer zu starken Anlagerung kann es nicht nur zur Zuckererkrankung kommen, sondern auch das Herz-Kreislauf-System kann einen Schaden davon tragen. Alleine aus diesem Aspekt heraus, solltest Du etwas gegen das Fett am Bauch tun. Ab wann solltest Du Dir allerdings Gedanken machen? Bei Männern und Frauen lassen sich an dieser Stelle Unterschiede finden. Ab einem Bauchumfang von 80 cm ist bei Frauen bereits ein erhöhtes Risiko für Schäden bekannt. Bei den Männern liegt das Maß bei ca. 90 cm. Wächst der Bauch weiter an, kann es zu einem starken Risiko für

Herzinfarkte und andere Erkrankungen kommen.

Um Dir zu verdeutlichen, was es heißt das Bauchfett nicht zu bekämpfen, möchte ich Dir ein paar Erkrankungen aufzeigen. Sie entstehen oder entstehen können entstehen, wenn Du nicht aktiv gegen Dein Bauchfett vorgehst. Durch Fettanlagerungen am Bauch kann es zu den folgenden Erkrankungen kommen:

- Schlaganfall
- Bluthochdruck
- Herzinfarkt
- Diabetes
- Blutverfettung
- Thrombose
- Alzheimer
- Krebs-Risiko steigt

Für Frauen ergibt sich noch ein anderes Risiko. Zahlreiche Frauen mit einem umfangreichen Bauchfettvorkommen sprechen von einer **Stoffwechselstörung** die sich polyzystische Ovar Syndrom nennt.

Durch diese Störung kann es zu Zyklusstörungen kommen.

Beschrieben habe ich das viszerale Bauchfett, welches für den Menschen schädlich ist. Ihm gilt es an den Kragen zu gehen. Neben dem viszeralen Bauchfett ist das subkutane Fett zu erwähnen. Es sitzt direkt unter der Haut und kann mit den Händen gegriffen werden. Man beschreibt es auch als Fett unter der Hautschicht. Dies dient der Isolation und gleichzeitig ist es ein Energiespender. Kommt der Körper in den Notzustand, weil vielleicht eine Erkrankung vorliegt oder eine geringere Kalorienzufuhr erfolgt, dann greift der Körper auf diesen Speicher zurück. Um zu erkennen, mit welcher Art von Bauchfett Du es zu tun hast, reicht es den BMI zu errechnen. Auch der Bauchumfang ist ausschlaggebend, den ich Dir bereits benannt habe.

4   Wie entsteht die Fettschicht-Ursachenforschung

Die Fettansammlung am Bauch hat natürlich einige Ursachen. Die Gene und das Alter spielen eine Rolle. Warum das Alter? Es ist nachweislich, dass Menschen im Alter den Stoffwechsel herunterfahren. Dadurch sammelt sich mehr Fett im Körper an, wenn die Ernährung nicht auf diese Veränderung angepasst wird. Es lassen sich chronische Erkrankungen finden, die durchaus ein erhöhtes Körperfett durch Medikamente oder andere Bedingungen schaffen. Man muss also nicht immer von einer grundlegend schlechten Ernährung ausgehen. Wobei auch diese eine enorme Rolle spielt. Viele Fertigessen, schnelles Essen und wenig Bewegung führen zu dem unausweichlichen Fett am Bauch. Um die Fettverbrennung am Bauch anregen zu können, solltest du die Ursachen kennen.

Der Hauptfaktor für Fett am Bauch ist eine ungesunde und kalorienreiche Ernährung, die meist weit entfernt von ausgewogen ist. Frage Dich also was Du den Tag über verzehrst. Schreibe es Dir auf und halte als kleine Übung Dir selbst vor Augen wie viele Kalorien es sind. Danach vergleichst Du die aufgenommenen Kalorien mit dem Grundumsatz. Berechnen kannst Du diesen durch verschiedene Apps.

Kommt wenig Bewegung hinzu, wird der Fettanteil in Deinem Körper weiter anwachsen. Aber auch Stress und mangelnder Schlaf können diese Probleme hervorrufen.

Vorab kann ich Dir eine sehr gute Empfehlung geben, wenn Du dieses Thema generell mit externer Hilfe angehen möchtest und nicht nur das Buch lesen willst. Mehr Details dazu kurz auf der nächsten Seite, ... UND es warten 50% Rabatt auf Dich ;-) !!! Solltest Du das Projekt alleine -ohne fachlich kompetente Unterstützung- angehen wollen, einfach die nächste überspringen.

Aufgrund vieler positiver Rückmeldungen aus dem Bekannten- und Verwandtenkreis habe ich Dir die Empfehlung mit dazu gepackt (dies wird z.B. auch v. Focus Online, Fit for Fun, Bild der Frau,... usw. empfohlen):

- ➢ 35-Tage Abnehm-Programm
- ➢ Gewicht halten ein Leben lang
- ➢ Ernährungsprogramm
- ➢ Trainingsvideos
- ➢ Einfache Bewegungspläne
- ➢ Motivation für jeden Tag

- ➢ NUR über diesen Link **50% Rabatt** >

https://bit.ly/3mZcqrb

oder QR-Code scannen:

5 Fettverbrennung und Hormone- welche Rolle spielen Hormone bei der Fettverbrennung?

Fettverbrennen am Bauch und die dazugehörigen Hormone haben natürlich einen Anteil dabei. Doch was haben Hormone mit dem Fett am Bauch zu tun? Darum soll es nun in diesem Kapitel gehen. Geht es um die Fettverbrennung, dann sind Hormone wichtige Begleiter. Der menschliche Körper wäre nicht so einmalig, wenn nicht auch beim Fettverbrennen am Bauch die verschiedenen Hormone beteiligt wären.

Betrachtest Du Dir Deinen eigenen Körper, dann wirst Du die Fettansammlungen schnell bemerken. Diese beinhalten die Fettzellen, welche wiederum das Hormon Leptin produzieren. Beteiligt ist dieses Hormon daran, den Stoffwechsel anzuregen und gleichzeitig den Appetit zu regulieren. Vor einigen Jahren war das Hormon noch als Wundermittel gegen Übergewicht verschrieben. Heute jedoch sieht die

Wissenschaft das Hormon Leptin wesentlich kritischer. Eigentlich hat das Hormon einen besonderen Vorteil. Es regt den Stoffwechsel an, wodurch natürlich auch das Gewicht reguliert wird. Allerdings sind viele übergewichtige Personen gegen das Hormon und seine Wirkungen immun. Dadurch treten Nachteile in den Vordergrund, die das Übergewicht begünstigen. Im Normalfall kann Leptin eine wirkliche Bereicherung sein, denn es regt den Körper an das Essen einzustellen, schneller eine Sättigung zu erfahren und somit die Gewichtsreduktion zu begünstigen. Bekommt Dein Körper keine Nahrung mehr, wird er angehalten die Fettpolster anzugreifen und sich daraus die Energie zu ziehen. Getestet wurde diese Wirksamkeit vor allem an Tieren, wobei eine Hälfte der Versuchsgruppen Leptin erhielt. Die andere Hälfte nur ein Fitnessprogramm, um Gewicht zu verlieren. Die Tiere, die bereits Übergewicht hatten behielten dieses und die schlanken Tiere waren von der Gewichtszunahme ausgeschlossen, obwohl beide Versuchsgruppen eine kalorienreiche Nahrung bekamen. Die Versuchsreihe zeigte schnell, dass ein Hormon wie beispielsweise Leptin, nicht als Maßstab für die Gewichtsreduktion genommen werden darf. In der Wissenschaft geht man davon aus, dass die Gewichtsreduktion und der Abbau von Fett nur gegeben ist, wenn der Körper Sport, eine gesunde Ernährung bekommt und die Hormonregulierung wirklich übereinstimmen.

Du kannst also davon ausgehen, dass Hormone Dein Gewicht im Guten sowie im Schlechten beeinflussen können. Welche genau das sind, soll dir in dem Unterkapitel erklärt werden.

Zusammenfassend kann ich Dir an dieser Stelle den Rat geben, dass ein reines Verlassen auf Hormone weniger Erfolg mit sich bringen wird. Es ist für Dich und Deine Gesundheit besser, einen Mix aus gesunder Ernährung, Sport und aus einem guten Hormonhaushalt zu besitzen.

Hinweis: Hormone steuern und beeinflussen das Leben des Menschen. Sie sind an vielen Prozessen im Körper beteiligt und sollten deswegen mit einem kritischen Auge betrachtet werden. Sorge für eine gute Hormonsteuerung und einen guten Hormonhaushalt. Ob dieser bei Dir in Ordnung ist, das erfährst Du bei Deinem Hausarzt.

6 Welche Hormone beeinflussen das Gewicht?

Leptin ist nicht das einzige Hormon, welches einen wichtigen Beitrag zum Fett verbrennen am Bauch hat. Es gibt weitere wichtige Hormone, die der Körper für eine gesunde Figur benötigt oder sogar vermeiden sollte. Damit Du auch in diesem Segment genauere Informationen bekommst, möchte ich Dir die verschiedenen Hormone aufzeigen.

Das Hormon Leptin habe ich Dir bereits beschrieben. Es galt als Wundermittel, wenn es um die Fettverbrennung geht. Herausgestellt hat sich durch Tierversuche ein Nachteil. Leptin bewirkt ohne die gesunde Ernährung und die körperliche Anstrengung wenig.

Dem diesem bekannten Hormon lässt sich noch ein weiteres finden, welches als Hungerhormon in die Wissenschaft und die Medien einging. Die Rede ist von Ghrelin, dem appetitanregenden Peptid, welches in der Bauchspeicheldrüse und der Magenschleimhaut produziert wird. Neben der eigentlichen Appetitanregung hat das Hormon weitere Aufgaben. Es gilt als Wachstumshormon und wurde auch bei der

Linderung und Minderung von Depressionen bereits erkannt. Somit ist das Ghrelin der Gegenpart zum Leptin. Während Leptin das Sättigungsgefühl in den meisten Fällen regelt, ist das Ghrelin als Hormon für den Hunger zuständig.

Beim Fett verbrennen am Bauch spielen neben diesen beiden Hormonen das Glucagon-like Peptid 1 („GLP-1") eine Rolle. Es ist bei der erhöhten Insulinausschüttung vorhanden. Es besteht aus verschiedenen Aminosäuren. Eine vorrangige Wirkung hat das „GLP-1" vor allem bei der Entleerung des Magens. Es verhindert, dass der Magen zu schnell entleert wird und das der Körper demnach weniger Magensaft produziert. Die Sättigung wird durch das Hormon begünstigt. Auch bei diesem Hormon gibt es Nachteile. Denn es hat natürlich nicht nur eine Wirkung auf das Essverhalten, sondern auch auf den Schlafrhythmus. Produziert der Körper ausreichend „GLP-1" sorgt es dafür, dass die Nahrungsaufnahme gedrosselt wird. Erstmals wurde das Hormon „GLP-1" bereits 1979 an der Uni Göttingen entdeckt.

Abnehmen und Muskeln aufbauen lässt sich durch ein Schilddrüsenhormon. Sowohl Unterfunktionen als auch Überfunktionen sind mit Hormonen kombiniert. Diese Hormone unterstützen das Abnehmen enorm. Hast Du Probleme damit ist der Gang zu einem Arzt nicht unbedingt falsch, denn er kann direkt nachschauen ob eine Funktionsschädigung der Schilddrüse vorliegt. Ist das der Fall, muss eine Einstellung erfolgen. Die Einnahme der Hormone wird nicht empfohlen, denn es kann zu enormen Beeinträchtigungen kommen. Nun habe ich Dir erklärt, dass Schilddrüsenhormone das Abnehmen erleichtern können. Dabei bin ich nicht auf das genaue Hormon eingegangen, welches ich jetzt benennen möchte. Es handelt sich um das Schilddrüsenhormon T3 (Triiodthyronin), auch synthetisch hergestelltes Liothyroninhydrochlorid. Normalerweise wird es durch den Körper gesteuert, kann jedoch bei einer falschen Dosierung oder bei einer Hormonstörung eine Stagnation des Gewichts hervorrufen. Die Schilddrüse ist ein Organ, welches bei der Gewichtsreduktion eine enorme Rolle spielt. Den meisten Mitmenschen ist das nicht bekannt. Die Schilddrüse steuert die Hormone und hilft dabei die Funktionsleistungen der Zellen zu steuern und zu steigern, indem sie ausreichend Sauerstoff aufnehmen können. Durch diesen Prozess ist der Glucosestoffwechsel angeregt und die Kohlenhydrate im Darm werden in das Blut überführt. Das wiederum hat eine Auswirkung auf die Fettsynthese im

Körper. Das Abnehmen wird also effektiv begleitet. Funktioniert die Schilddrüse nicht ordentlich, kommt es zu einer Unter- oder Überfunktion kommen. Hast Du Probleme Fett abzubauen oder den Fettstoffwechsel anzuregen, nutze die Chance und lasse Deine Schilddrüsenwerte prüfen.

ABER ACHTUNG: Die Einnahme von T3-Tabletten ist für die reine Fettreduzierung nicht zugelassen und kann sogar negative Auswirkungen auf Deinen Körper haben (wie z.B. Erschöpfung, Muskelschwäche, Knochenabbau, Haarausfall, Herzschwäche, …).

Nur mit der Rücksprache mit einem Arzt und einem Blutbild kannst Du die Funktionen überprüfen. Hierzu möchte ich Dir eine kleine Aufschlüsselung geben, welche Werte für das Abnehmen wichtig sind und wie diese auf dem Blutbild aussehen sollten.

T3 Hormon Normalwerte bei einem Erwachsenen liegen bei 0,9 -1,8 ng/ml oder bei 1,4 – 2,8 nmol/l. T4 Hormon Normalwerte sollten bei einem Erwachsenen bei 5,5 – 11,0 µg/dl liegen.

Sehr wichtig: Keine Medikamente „auf gut Glück" einnehmen. Manche Medikamente haben extrem viele und vor allem sehr weitreichende Nebenwirkungen und –teils sehr massive- Wechselwirkungen!

Zusammenfassend ist beim Fett verbrennen am Bauch vor allem der Hormonhaushalt wichtig. Die Schilddrüse spielt eine enorme Rolle. Sie hält die Fäden in der Hand. Stimmen die Hormone nicht, zeigt die Schilddrüse eine Überfunktion oder eine Unterfunktion, wodurch die Appetitanregungen oder die Sättigungshormone mit in Mitleidenschaft gezogen werden.

7 Fettverbrennung aus medizinischer Sicht

Medizinisch betrachtet ist die Fettverbrennung nichts anders als ein Stoffwechselvorgang. Der Stoffwechsel ist ein Prozess der niemals zum Erliegen kommt, denn er ist für die Energiezufuhr im Körper zuständig. Natürlich arbeitete der Stoffwechsel nicht immer gleich. Er orientiert sich an der Art der Beschäftigung. Sitzt Du viel oder hast Du einen Beruf der weniger starke Kraftreserven erfordert, wird sich der Stoffwechsel verlangsamen. Bist Du hingegen aktiv und oftmals sportlich unterwegs, kannst Du den Stoffwechsel anregen und immer wieder aktiv fördern. Das wiederum verbraucht außerdem mehr Kalorien.

Die Nahrungsmittel, welche Du Deinem Körper zuführtest, werden in körpereigene Stoffe umgesetzt. Sie dienen der Energiegewinnung und unterstützen die Lebensprozesse oder die Aufbauprozesse im Körper. An diesen komplexen Vorgängen sind unter anderem zahlreiche Hormone beteiligt. Die entscheiden über die Anlagerung der Nährstoffe oder über deren Verbrennung im Organismus.

Hormone sind also dafür zuständig, dass die Fettverbrennung am Bauch angekurbelt wird. Besonders das Wachstumshormon arbeitet dabei im Schlaf. Es beginnt Fettzellen in der Nacht abzubauen und diese in Energie umzuwandeln. Deswegen sind wir am Morgen auch nicht mehr müde, sondern meist ausgeruht. Damit dieses Wachstumshormon auch wirklich seine Arbeit machen kann, müssen dem Körper ausreichend B-Vitamine zur Verfügung stehen. Vor allem B 6 und **Vitamin C** sind wichtig.

7.1 Wichtige Quellen für Vitamin C

7.1.1 Hagebutte

Unangefochten auf Platz 1 mit ca. **1.250mg je 100g** und reichlich B-Vitaminen und Niacin, Betakarotin, Flavonoide, Pektine und Vitamin K.
z.B. als Hagebuttenpulver oder als Sirup

7.1.2 Sanddornbeeren

Sanddornbeeren liefern immerhin noch stattliche **450mg Vitamin C pro 100g**; das ist knapp 10x so viel wie in Zitronen. Und es sind noch weitere Mineralstoffe wie Magnesium und Kalzium enthalten.
z.B. in Saft, Sirup, Marmelade, Gelees oder in Gummibärchen

7.1.3 Brennnessel

Das Rosenartige Gewächs kommt auf erstaunliche 333mg Ascorbinsäure je 100g. Dies könnte man z.B. wie folgt anrichten: Spiegelei mit Brennnesselgemüse >>>

https://www.chefkoch.de/rezepte/6006511
59796973/Brennnessel-Gemuese.html

7.1.4 Schwarze Johannisbeeren

Die schwarze Johannisbeere liefert einen **Vitamin C-Gehalt von ca. 180mg pro 100g** und dazu noch ordentlich Eisen und sind wie andere Beeren sind diese auch kohlenhydrat- und kalorienarm.

7.1.5 Petersilie

Petersilie ist mit ca. **160 – 170mg Vitamin C pro 100g** -entgegen der „Standardmeinung"- auch noch relativ weit vorne mit dabei. Die grünen Blättchen helfen über so manchen Infekt hinweg. Super praktisch: Petersilie kann man zu Hause –z.B. auf dem Küchenfenster oder im Sommer im Garten anbauen.

7.1.6 Paprika

Rote Paprika enthält ca. **140mg**, gelbe Paprika ca. **120 – 135mg** und grüne immerhin noch mit **115mg** Vitamin C je 100g.
Oder gerne auch „Mamrika" verwenden, wie Heinz Erhardt (dt. Komiker) sagen würde! … wer dies genau nach lesen möchte >>> https://de.wikipedia.org/wiki/Liste_der_We rke_von_Heinz_Erhardt

7.1.7 Brokkoli

Kohlsorten sind ebenfalls wichtige Vitamin C Lieferanten. Brokkoli enthält **120mg Vitamin C auf 100g.** Im Durchschnitt wiegt ein Kopf ca. 500 g bei gerade einmal 25 Kalorien sind außerdem noch Eisen, Kalium, Vitamin A und Vitamin K enthalten!

7.1.8 Rosenkohl

Rosenkohl sticht mit **ca. 110mg Vitamin C** je 100g hervor. Des Weiteren punktet Rosenkohl mit Vitamin A, Eisen, Zink, Kalium, Magnesium, Kalzium und sekundären Pflanzenstoffen!

7.1.9 Kiwi

Kiwis sind mit ca. **90 bis 120mg pro 100g** quasi Vitamin C-Bomben. Das begehrte Vitamin C sitzt **meist direkt unter der Schale.** Also gründlich waschen anstatt sie zu schälen! Klingt komisch, ist aber so: Die Schale kann man mitessen! Aber Vorsicht beim Einkauf: Da diese **schnell reifen,** lieber ein bisschen härtere Kiwis einkaufen.

7.1.10 Erdbeere

Von der Erdbeerpflanze (lateinisch Fragaria) gibt es mittlerweile weltweit über 600 Sorten. Das Rosengewächs enthält im Durchschnitt **ca. 70mg Ascorbinsäure je 100g.** Darüber hinaus enthalten diese mit Ferula- und Ellagsäure sekundäre Pflanzenstoffe, die bekanntermaßen durch ihre krebsvorbeugende Wirkung bestechen. Des Weiteren findet man in Erdbeeren:

- 54 Mikrogramm Vitamin B2
- 43 Mikrogramm Folsäure
- 13 Mikrogramm Vitamin K
- 8 Mikrogramm Vitamin A

7.1.11 Spinat

Mit ca. **60mg Vitamin C je 100g** immerhin noch ganz ordentlich. Weitere Inhaltsstoffe sind Antioxidantien, Eisen, Folsäure … bei gerade einmal 17 Kalorien!

7.1.12 Zitronen

Bei Erkältungen der Klassiker! Die Aussage trifft aber nur bedingt zu, denn mit ca. **50mg Vitamin C auf 100g** ist sie zwar immer noch ganz gut dabei, aber es gibt eine ganze Reihe höher dosierte **Vitamin C Alternativen.** Trotzdem ist die Zitrone eine gute Wahl, wenn's euch erwischt hat: **Viel trinken und Wärme** sind dann nämlich mindestens genauso wichtig, wie eine gute und gesunde Ernährung. Nehmt aber kein kochendes, sondern warmes Wasser. **Vitamin C ist instabil, was Hitze betrifft!**

7.1.13 Zusatzinfos Vitamin C

Die **Buschpflaume**, ein Flügelsamengewächs, kommt auf: ca. **2.300mg bis 3.100mg je 100g**

Die Früchte des **Camu-Camu** Strauchs aus der Amazonasregion kommen auf ca. **1.500mg bis 3.000mg je 100g**

Acerolakirsche aus Süd- und Mittelamerika punktet mit **1.000mg bis 1.500mg je 100g**

Dagegen ist mit den folgenden Lebensmitteln kein Start zu machen (was Vitamin C betrifft); Angaben je 100g:

- Zwiebel: 7mg
- Birne: 5mg
- Marzipan: 2mg
- Yoghurt: 2mg
- Fisch: 1mg
- Milch: 1mg

7.1.14 Immunsystem-Booster

Wichtig: Bitte mal bei YouTube eingeben:
„Vitamin C: mehr als nur ein Immunsystem-Booster, Dr. rer. nat. Markus Stark"
oder
direkt unter >>> https://bit.ly/3qCmzwj

Des Weiteren bei YouTube zu finden:
„Vitamin C - das Vitamin, das über Leben und Tod entscheidet"

oder direkt >>> https://bit.ly/3oC6vsm

Vitamin C kann man nicht überdosieren. Zu hohe Dosen werden ausgeschieden. Man sollte aber auch auf –sehr selten auftretende- allergische Reaktionen achten und dann reagieren und dies beim Hausarzt abklären lassen.

7.1.15 Pflanzliche Vitamin C Kapseln

Premium Kapseln, 365 Stück: Vitamin C (500mg) aus pflanzlicher Fermentation & gepuffert (pH-neutral, säurefrei, vegan und magenschonend) - Ohne unerwünschte Zusätze!

Mein persönlicher Favorit!
Hier für Interessierte der Link:

https://amzn.to/39TxawM

Geht es um den Blutzuckerspiegel, der nicht zu niedrig sein darf, dann ist das Glukagon hilfreich. Dieses Hormon wird in der Bauchspeicheldrüse gebildet und ist für den allgemeinen Stoffwechsel unverzichtbar. Um seine Arbeit im Sinne der Fettverbrennung richtig umzusetzen braucht der Körper ausreichend Eiweiß. Mit der Zufuhr von Proteinen kann der Regelmechanismus, der für den Fettabbau mit verantwortlich ist, gesteuert werden.

Das Insulin ist der Schlüssel zu einem guten Regelwerk im Körper. Normalerweise wird es ausgeschüttet, sobald der Körper einen erhöhten Blutzuckerwert anzeigt. Bei einer normalen Nahrungsaufnahme ist das meist nicht der Fall, denn dann ist der Insulinwert auf einem stetigen Normalwert, was wiederum bei der Fettanlagerung schnell zu spüren ist. Treibst Du den Insulinwert nach oben, weil Kuchen und Süßspeisen in reichlichen Mengen verzehrt werden, dann ist der Körper schnell mit der Insulinausschüttung überfordert.

8 Aktiv Fett verbrennen am Bauch

Fett verbrennen am Bauch, nun kann es im Grunde losgehen. Wie kannst Du nun am Bauch Fett verlieren? Es ist nicht viel nötig. Eine gute Ernährungsumstellung und Sport sind der Schlüssel zum Erfolg. Deswegen möchte ich nun auf ein paar Themen eingehen, die Dir helfen sollen Fett ab Bauch abzutrainieren oder besser gesagt zu verlieren. Bist Du gespannt, dann lass uns direkt loslegen.

8.1 Welcher Sport hilft beim Abnehmen am Bauch

Sport ist ein wichtiger Bestandteil, wenn es um die Fettverbrennung am Bauch geht. Genau genommen ist es bedeutsam. Warum musst Du Sport treiben? Weil durch Sport der Stoffwechsel angeregt wird. Außerdem kannst Du durch den Sport die Muskeln aufbauen, die wiederum Energie verbrauchen. Die Körpermitte wird zusätzlich gestrafft und überschüssige Haut lässt sich zurückbilden.

Bist Du nun am Überlegen welcher Sport Dich begleiten soll? Dazu möchte ich Dir ein paar Tipps geben. Du musst nicht jeden Tag in das Fitnessstudio rennen. Lass das Auto stehen und nimm das Fahrrad für den Arbeitsweg oder laufe etwas mehr als gewohnt. Steige Treppen, statt den Fahrstuhl zu benutzen.

Sport sollte kein „Mord" sein, sondern Dir Spaß machen. Hervorheben möchte ich deswegen das Schwimmen. Es schont die Gelenke, macht Spaß und beginnt langsam die Muskeln im Körper zu mobilisieren. Außerdem wirkt beim Schwimmen der Synergieeffekt. Mit wenig Aufwand erreichst Du höchstes Potenzial. Ideal also für alle die Fett am Bauch verbrennen wollen. Alternativ kann das Joggen in Betracht gezogen werden. Es ist ein echter Fettburner. Dabei greift der Körper gleich auf mehrere Depots zur Energiegewinnung zurück. Zusätzlich baust Du Kondition auf und Fett ab, wobei die Muskelmasse im Vordergrund steht, denn sie wird umfassend aufgebaut.
Bewegungen aller Arten sind am Anfang besonders hilfreich. Also auch der lange Spaziergang kann nicht schaden.

8.1.1 Morgens vor dem Essen sporteln?

Eine alte Frage, auf die es keine pauschale Antwort gibt. Hat man noch nichts gegessen, greift der Körper gleich auf die Fettreserven zur Energiegewinnung zurück. Andererseits bekommt körperliche Betätigung auf leeren Magen nicht jedem. Ob es für Sie funktioniert, müssen Sie selbst ausprobieren. Fühlen Sie sich schwach oder gar schwindelig, dann ist der Sport nach dem Aufwachen ohne Nahrungszufuhr nicht für Sie geeignet. Hören Sie auf Ihren Körper und versuchen Sie nichts zu erzwingen. Körperliche Anstrengung macht nur dann Sinn, wenn Sie die nötige Kraft dafür aufbringen können. Gerade wer erst wieder damit anfängt, muss nicht gleich am nächsten Morgen gleich vom Bett aus losjoggen. Möglicherweise werden Sie ja nach ein paar Wochen Übung auch zum Frühsportler.

Empfehlung: Fitness und Sport, das sind wichtige Elemente. Sportarten die Deinen Kreislauf in Schwung bringen und auch gleichzeitig viele Vorteile in der Gewichtsreduktion bieten.

TIPP: Es gibt hierzu einen perfekten Online-Kurs, den Du begleitend durchführen kannst! <u>Und das Beste:</u> Dieser Gesundheitskurs ist nach § 20 Abs. 1 SGB V geprüft und zertifiziert. Das bedeutet, ***dass deine gesetzliche Krankenkasse*** dir zwischen 80% und ***100% der Kosten für diesen Kurs erstattet***! >>> Hier geht's zum Online-Kurs von Imke Krüger (Fitness-Coach) und Dr. Jörn Haupt (Kursleiter) ***>>> über diesen Link >>>***

UND zusätzlichem Buch-Geschenk >>>

https://bit.ly/37STrIp

oder den QR-Code scannen >>>

… siehe nächste Seite…

8.2 Fettverbrennung durch Intervallfasten

Intervallfasten ist eine ausgezeichnete Methode, um dem Fett endlich zu Leibe zu rücken. Es kann dauerhaft angewendet werden. Wer berufstätig ist wird sich dieser Methode in Kombination mit dem Sport sicherlich schnell zuwenden. Sie ist leicht umzusetzen und kann rasant erlernt werden. Beliebt ist die 16:8 Methode, die eine Fastenzeit von 16 Stunden beinhaltet. Am besten anzuwenden über Nacht. In den darauffolgenden 8 Stunden kann alles bis zu einem gewissen Maße verzehrt werden. Eigentlich kinderleicht und schnell umzusetzen. Must bei dieser Methode nur auf eine gesunde und ausgewogene Ernährung achten. Gemüse, Obst und Eiweiße stehen im Fokus.

Warum ist das **Interfallfasten** aber so beliebt? Weil der Körper die Möglichkeit hat während der Fastenzeit zur Ruhe zu kommen. Das heißt er kann seine Reserven anwenden, um Energie zu erzeugen und muss nicht permanent auf Höchstleistungen laufen. Vor allem der Darm kann sich in der Ruhezeit vollkommen auf die Verwertung bestehender Bestandteile und Nahrungsreste konzentrieren. Für Dich hat das nicht nur den Vorteil der Gewichtsreduktion, sondern Du kannst vor allem am Morgen eine Veränderung spüren. Weniger Müdigkeit, Abgeschlagenheit und vor allem weniger schlechte Laune sind zu verzeichnen. Der Körper kann sich so vollständig auf die Regeneration konzentrieren. Sonst hat er in der Nacht gearbeitet, verdaut, aufgespalten und nun kann er sich regenerieren.

Bei der **Intervallfastenmethode** musst Du vor allem auf Nahrungsmittel zurückgreifen die Energie liefern. Das heißt Obst, Gemüse und vorrangig Eiweiße.

Dazu habe ich ein gesondertes Buch geschrieben >>>

https://amzn.to/37MBfQQ

8.3 Fettburner Lebensmittel"

Die Fettverbrennung am Bauch ist Dir wichtig, dann solltest Du die richtigen Lebensmittel verzehren. Die sogenannten Fettburner lassen sich in zahlreichen Obst- und Gemüsesorten finden. Eine Gewichtsreduktion kann nur durch die gesunde und ausgewogene Ernährung erfolgen. Bei den meisten von uns kommt die Frage auf, was gesund und ausgewogen eigentlich ist. Bei einer gesunden Ernährung solltest Du auf eine artgerechte Ernährung zurückgreifen. Diese bezieht sich auf eine eiweißhaltige und vitaminreiche Ernährung, wobei Obst, Gemüse und Fleisch im Vordergrund stehen. Wurstwaren sind weniger intensiv im Betrachtungsfeld und auch Kohlenhydrate sind nicht mehr mit dem Speiseplan verwebt. Frage Dich immer, wie sich ein Jäger und Sammler ernähren würde. Mit dieser einfachen Frage beantworten sich auch die meisten Ernährungsgrundlagen und Du gehst einer artgerechten Ernährung nach.

Geht es um das Fett verbrennen am Bauch musst Du Ernährungstechnisch nicht sonderlich viele Experimente befürchten. Die Ernährungskette sieht viele Fettburner vor, die durchaus in einer normalen Ernährung einbezogen werden können. Was sind Fettburner Lebensmittel? Es handelt sich nach der normalen Definition um Lebensmittel die bei der Verwertung und Aufspaltung im Körper mehr Energie benötigen, als sie dem Körper geben. Sie sättigen, aber immer unter dem Vorwand mehr Energie zu benötigen, um dem Körper einen Nutzen zu präsentieren.

Ich möchte dir die wichtigsten Fettburner Lebensmittel vorstellen und Dir Tipps geben, wie du diese am besten in Deinem Alltag einbringen kannst.

8.3.1 Ingwer

Ingwer ist ein scharfes Gewürz, welches in den vergangenen Jahren eine enorme Bedeutung in der Ernährungswissenschaft gewonnen hat. Die scharfe Knolle gilt als echter Fettbezwinger und wird beim Abnehmen immer wieder verwendet. Der Grund dafür ist, das Capsaicin, welches nicht in hohen Mengen aufgenommen werden darf, die Gallenproduktion anregt. Die Gallensäfte sind für den Fettabbau zuständig und werden durch Ingwer angeregt, wodurch sich der Fettabbau wiederum verbessert. Ingwer lässt sich frisch im Tee, im Wasser oder auch im Smoothie verzehren.

8.3.2 Eier

Eier haben einen hohen Eiweißgehalt, wodurch die Fettverbrennung wiederum angeregt wird und man am besten die Muskeln stärkt. Eier in vielen Variationen sind für den Körper und den Fettabbau besonders wichtig.

8.3.3 Avocado

Die Frucht aus Mexiko hat in Deutschland einen echten Siegeszug begonnen. Sie gilt als fetthaltig, kann jedoch durch die ungesättigten Fettsäuren eine ganze Menge im Körper bewirken. Die Fettverdauung in der Leber wird besonders angekurbelt. Dafür verantwortlich ist die Aminosäure L-Carnitin. Die Avocado kann als Salat, als Brotaufstrich oder als frischer Brotbelag mit Tomate verzehrt werden.

8.3.4 Spargel

Sicherlich ein Lebensmittel welches für seine entwässernde Wirkung bekannt ist. Der Spargel ist nicht nur gesund, sondern auch kalorienarm. Seine Stärke ist das Abführen von Wasser aus dem Körper, wobei die Folsäure einen besonderen Anteil daran hat. Spargel kann gekocht, roh als Salat oder doch gebraten werden. Selbst auf dem Grill im Sommer der perfekte Begleiter bei Fleischgerichten.

8.3.5 Haferflocken

Sie sind der ultimative Tipp für ein gesundes Frühstück. Die Haferflocken enthalten Eisen, Ballaststoffe und einige Vitamine. Damit kurbeln sie perfekt den Fettstoffwechsel an und halten zu dem satt. . Als Müsli perfekt oder als Porridge. Kleiner Tipp noch am Rande, nutze die Haferflocken gebraten, um den Salat zu verzieren.

8.3.6 Zitrusfrüchte

Zitrusfrüchte sind wegen der hohen Vitamin C Anteile beliebt und sie gelten als besondere Fettburner. Die leicht verdaulichen Fruchtfasern sind optimal, um die Verdauung anzuregen. Als Smoothie, im Salat oder als frisches Obst perfekt.

8.3.7 Äpfel

Das wusstest Du mit Sicherheit nicht, dass auch der Apfel der perfekte Fettverbrenner ist. Äpfel haben einen hohen Pektinanteil, wodurch sie sehr schnell sättigen und als Zwischenmahlzeit nahezu perfekt sind.

8.3.8 Lachs

Lachs ist ein echter Geheimtipp, wenn es um das Abnehmen geht. Fett verbrennen am Bauch ist dank der Omega 3 Fettsäuren gut möglich. Der Fisch bietet zusätzlich sehr viel Eiweiß und liefert damit wiederum einen Grund ihn regelmäßig im Rahmen der artgerechten Ernährung zu verzehren. Lachs aus dem Ofen ist immer ein Genuss und vor allem fettarm.

8.3.9 Honig

Honig ist ein Naturprodukt, welches alles Wichtige enthält was eine gute Gesundheit benötigt. Besonders an dem Verzehr von Honig ist, dass das der Insulinspiegel recht weit unten bleibt, wodurch der Blutzuckerspiegel hervorragend profitiert. Die Enzyme und die Vitamine im Honig halten lange Wach, wodurch natürlich eine positive Auswirkung auf die Gesundheit besteht. Honig kann man als Süßungsmittel perfekt anwenden.

8.3.10 Knoblauch

Knoblauch verbrennt Fett. Das ist kein Witz, sondern eine wirkliche Tatsache. Er dient der Gesundheit, auch wenn er weniger gut riecht. Aber ich habe einen Tipp für Dich. Wenn Du Knoblauchgeruch an den Händen hast, dann mache die Finger nass und reibe sie an Edelstahl. Das eliminiert den Geruch.

Natürlich lassen sich noch andere wichtige Fettburner finden. Dazu gehören Feigen, die einen hohen Anteil an Ballaststoffen haben. Nicht zu vergessen sind zahlreiche Früchte. Sie sollten ein Bestandteil Deiner Ernährung sein. Kiwis, Beeren und Zitrusfrüchte sind perfekt. Sie lassen sich mit Haferflocken verzehren oder als Smoothie.

Ich habe bis jetzt noch keine Gewürze und keine Getränke angesprochen. Aber auch hier verstecken sich einige Fettburner. Wasser ist nicht nur gesund und kalorienarm, sondern es verbraucht auch Energie, vor allem wenn es kalt ist. Kalte Getränke verursachen mehr Energieverbrauch als sie dem Körper zuführen. Der Körper muss die Getränke erst aufwärmen bevor sie verwertet werden können und genau dieser Prozess verbraucht Energie.

Gewürze regen den Stoffwechsel an. Dazu gehört Chili und Pfeffer. Beide Gewürze regen den Stoffwechsel an.

8.4 Versteckte Fette

Versteckte Fette sind in vielen Fertigprodukten enthalten. Und wie das bei versteckten Fette ist, sie landen schnell auf der Problemzone. Wo sind versteckte fette enthalten? In Dosengerichten, in der Pizza und generell in vielen Fertigprodukten. Was viele nicht wissen, auch Wurstkonserven sind echte Fettbomben. Du solltest diesen Fettbomben aus dem Weggehen und Beginnen eigene Gerichte zu kreieren. Anreize dazu findest Du bei mir im Rezeptteil.

Natürlich spielt beim Abnehmen auch die Kalorienzufuhr eine wichtige Rolle. Je weniger Kalorien aufgenommen werden, desto weniger Fettanlagerungen finden statt. Überschüssige Kalorien lagern sich im Körper immer als Fette und Fettdepots an. Möchtest Du diese vermeiden, musst Du entweder mehr Sport machen oder aber die Kalorienzufuhr anpassen. Um die Gesamtkalorien zu berechnen, die Du über den Tag zu Dir nehmen kannst, solltest Du den Grundumsatz berechnen. Ich empfehle Dir, Apps oder Rechner zu verwenden.

9 Abnehmen mit 40plus

Abnehmen im Alter, nicht mehr ganz so einfach, wie man es vielleicht denkt. Sobald der Körper eine magische Altersgrenze erreicht hat, fällt das Abnehmen besonders schwer. Der Grund dafür sind nicht nur schlechte Angewohnheiten, sondern Hormone und oftmals auch fehlende Stoffwechselaktivitäten. Die Medizin und die Wissenschaft haben dazu eine Erklärung gefunden. Mit steigendem Alter verändern sich der Stoffwechsel und die Körperzusammensetzung. Wer noch keine 40 Jahre alt ist, der hat einen Körper der auf Wachstum ausgelegt ist. Ab dem 40. Lebensjahr stellt der Körper auf Erhalt um und dazu gehört auch die Körpermasse. Der Stoffwechsel wird ab diesem Alter bis zu 15 % gedrosselt, was man schnell am Gewicht merken wird. Der Energiebedarf ist nicht mehr so hoch, weshalb Du ab 40 die Ernährung umstellen musst. Dazu hilft Dir dieser Ratgeber. Erstaunlich ist, dass diese Veränderungen schon mit dem 30. Lebensjahr beginnen. Ab da verliert der Mensch 1 % Muskelmasse im Jahr, wenn der nicht aktiv Sport betreibt. Das Gewicht bleibt zwar erst einmal konstant, doch die Muskelmasse sinkt und Du verbrauchst weniger Energie. Deswegen heißt es ab dem 30. Lebensjahr ordentlich trainieren und Sport treiben. Abnehmen ab 40plus ist nicht viel anders gestaffelt. Achte auf die Kalorienzufuhr, treibe Sport, nutze das Intervallfasten und verzehre Fettburner. Ab dem 40. Lebensjahr wird an den Hormonen geschraubt. Der Östrogenspiegel sinkt, wodurch mehr Fettanlagerungen vorhanden sind. Bei den Männern ist es der Testosteronspiegel, der im Alter absinkt.

Wer nicht ausreichend Bewegung hat begünstigt die Gewichtszunahmen. Anzupassen sind Ernährung und Sport, um dem Körper ausreichend Kaloriendefizite zu ermöglichen.

9.1 Kohlenhydrate verteilen

Ihre Mahlzeit mit den meisten Kohlehydraten, gerade wenn auch leere dabei sind, sollte entweder vor oder kurz nach der körperlichen Betätigung verzehrt werden. Folgt auf die Zufuhr Sport, dann wird die Energie nicht in Form von Fett gespeichert, sondern zur Deckung des Energiebedarfs genutzt, der durch die körperliche Anstrengung nun verstärkt auftritt. Nach einem Training sind unsere Glykonspeicher, die direkt in den Muskeln setzen, stark geleert.

Innerhalb von zwei Stunden nach dem Sport macht es darum definitiv Sinn, die Mahlzeit mit der höchsten Menge an Kohlenhydraten zu sich zu nehmen, denn in dieser Zeit wird die Zufuhr dann genutzt, um die Speicher wieder aufzufüllen, anstatt die Energie dem Fettspeicher hinzuzufügen. Gerade nach dem Training sollten es aber die Polysacharide sein. Leere Kohlenhydrate in Form von einfachem Zucker sind der Fettverbrennung nicht zuträglich.

10 Rezepte für Frühstück

10.1 Beeren Müsli

Zubereitungszeit: ca. 5 Minuten

Portionsgröße: ca. 200 g

Schwierigkeit: Leicht

Zutaten:

- 75ml Milch (Mandel oder **Hafer**)
- 1 EL **Leinsamen** *(10g),* Nüsse *(16g)* oder Kokosflocken *(8g)*
- 50g Beeren nach Wahl (schwarze Johannisbeeren, frisch)
- 2 EL Haferflocken

Zubereitung:

1) Die Beeren waren (frische oder aufgetaute) und in eine passende Schale geben.

2) Nun die Hafer- oder Mandelmilch hinzufügen.

3) Das Müsli mit den Nüssen, Kokosflocken oder Leinsamen nach Geschmack würzen.

10.2 Apfelstrudel Pancakes

Zubereitungszeit: 45 Minuten

Portionsgröße: 10 Portionen

Schwierigkeit: Mittel

Zutaten:

- 1 TL **Chiasamen** oder Leinsamen *5g*
- 50g Mandelmehl
- Eine Messerspitze Backpulver *(0,5 g)*
- 1 Ei *(1 Ei medium 55 g)*
- 50 ml Milch, 0,3% Fett *(60g)* (wahlweise auch Mineralwasser)
- Zimt
- 1 TL Öl

Für die Vanille-Apfel-Creme:

- Vanille, gemahlen (1 Vanilleschote 5g
- 75g Joghurt, 0,1% Fett
- Wasser
- 1Apfel (ca. 140g)

Zubereitung:

1) Zuerst das Ei aufschlagen und in einer Schüssel verquirlen.

2) Die Chia- oder Leinsamen mit dem Mineralwasser oder der Milch verrühren — die Mischung anschließend 10 Minuten stehen lassen.

3) Alle trockenen Zutaten miteinander vermengen und dann die restlichen Zutaten beimischen.

4) In einer Pfanne etwas Öl erhitzen und portionsweise die Pancakes beidseitig braun anbraten.

5) Den Apfel für die Creme in kleine Stücke schneiden und mit etwas Wasser in einer Pfanne für 5 Minuten leicht köcheln lassen.

6) Die Vanille und den Zimt mit dem Joghurt mischen und die Apfelstücke dazugeben.

Als letztes die Pancakes auf einem Teller anrichten und gemeinsam mit der Vanille-Apfel-Creme garnieren.

10.3 Schinken Rührei mit Tomaten auf Vollkornbrot

Zubereitungszeit:	15 Minuten
Portionsgröße:	2 Portionen
Schwierigkeit:	Mittel

Zutaten:

- 12 **Kirschtomaten** oder Cocktailtomaten *(1 Tomate 35g)*
- 4 Eier *(1 Ei medium 55g)*
- Gekochter Schinken *(1 Scheibe 25g)*
- Pfeffer, Salz
- Gehackte Kräuter
- 2 Stücke Brot (**Vollkorn** oder Roggen 1 Stück 50g)
- 1 EL Rapsöl *(10g)*
- Senf oder Tomatenmark
- 2 Frühlingszwiebeln, frisch *(1 Zwiebel 25g)*

Zubereitung:

1) Die Eier zunächst miteinander verquirlen und mit Pfeffer und Salz würzen.

2) Tomaten sorgfältig waschen und dann halbieren.

3) Die Frühlingszwiebeln schälen, waschen und in Ringe schneiden.

4) Den Schinken in kleine Stücke schneiden und gemeinsam mit den Eiern in eine Pfanne mit Öl geben.

5) In die Mischung die Kirschtomaten hinzufügen und alles gemeinsam stocken lassen. Bei Bedarf wenden.

6) Das Vollkorn- oder Roggenbrot mit Senf oder Tomatenmark bestreichen.

7) Das Rührei auf dem Brot anrichten.

10.4 Quarkbrot

Zubereitungszeit:	10 Minuten (30 Min Backzeit)
Portionsgröße:	ca. 12 Scheiben
Schwierigkeit:	Leicht

Zutaten:

- 2 Eier
- 25g Buchweizen, gemahlen
- 10g Mehl, nach Bedarf glutenfrei
- 150g Magerquark
- ½ Packung Backpulver (8g)
- 50g Leinsamen
- 1 EL Sonnenblumenkerne (10g)
- ½ TL Salz
- 50g Mandeln, gemahlen

Zubereitung:

1) Zunächst die Eier mit dem Quark vermengen und alles glattrühren.

2) Den Leinsamen mit den Mandeln, dem Buchweizen, dem Mehl, dem

Backpulver und dem Salz in einer eigenen Schüssel vermischen.

3) Die Mischungen zusammenfügen und vermengen.

4) Eine Kastenform einfetten und mit dem Teig auffüllen. Die Sonnenblumenkerne darüberstreichen.

5) Backofen auf Umluft mit 150 ° C vorheizen und das Brot darin auf mittlerer Schiene für 30-35 Minuten backen.

10.5 Chia-Eiweiß-Brot

Zubereitungszeit:	15 Minuten (Gesamtzeit 40 min.)
Portionsgröße:	10 Scheiben Stück
Schwierigkeit:	Mittel

Zutaten:

- 15g Flohsamenschalen
- 100g Magerquark
- 140ml Wasser
- 30g Chiasamen
- 75g Eiweißpulver, Multipower
- ½ Tüte Backpulver *(8g)*
- 1 ½ TL Salz *(1 TL 8g)*
- 1 Ei *(1 Ei medium 55g)*
- 2 EL Sesam, getrocknet *(1 EL 7g)*

Zubereitung:

1) Alle trockenen Zutaten zusammen in eine Schüssel geben und miteinander vermischen.

2) In einer getrennten Schüssel den Quark, das Ei und das Wasser miteinander vermengen.

3) Die flüssigen Zutaten zu den nassen Zutaten hinzufügen und alles miteinander zu einem Teig verrühren.

4) Teig für knappe 5 Minuten ruhen lassen.

5) Den Ofen auf 180 ° C Heißluft vorheizen.

6) Etwas Sesam und Flohsamenschalen auf einem Teller bereitstellen.

7) Teig in kleine Stücke zerteilen und im Sesam und den Flohsamenschalen wälzen. Das hilft dabei, den Teig zu kleinen Kugeln zu formen.

8) Die Kugeln auf ein Backblech mit Backpapier legen.

9) Die kleinen Brote bei 180 ° C für 15-20 Minuten gut durchbacken.

10.6 Frühstück mit Avocado

Zubereitungszeit: 10 Minuten

Portionsgröße: 1 Portion

Schwierigkeit: Leicht

Zutaten:

- 60g Avocado-Aufstrich mit Petersilie
- 2 frische Radieschen
- 1 Vollkornbrötchen *(ca. 65g)*
- Kresse
- ¼ Avocado *(68g)*
- Roter Pfeffer

Zubereitung:

1) Zuerst das Brötchen halbieren.

2) Avocadoaufstrich auf die Hälften streichen.

3) Das Avocadoviertel vorsichtig in dünne Scheiben schneiden, ebenso wie die Radieschen.

4) Die beiden Brötchenhälften mit dem Aufstrich nun mit den Scheiben belegen.

5) Den Pfeffer und die Kresse nach Belieben zum Würzen der Hälften nutzen.

10.7 Vitamin-Drink mit Erdbeer-Kiwi-Müsli

Zubereitungszeit:	10 Minuten
Portionsgröße:	1 Portion
Schwierigkeit:	Leicht

Zutaten:

- Kiwi (80 g)
- 2 EL Haferflocken (1 EL 7g)
- 100g Erdbeeren, frisch
- 150ml Buttermilch, Natur (150g)
- 30g zuckerfreie Cornflakes

Zutaten für den Vitamin-Drink:

- 1 Orange (150g)
- 2 EL Weizenkeime (1 EL 7g)
- ½ Grapefruit (150g)

Zubereitung:

1) Zuerst die Beeren waschen und von grünen Teilen befreien. Dann Putzen und halbieren.

2) Die Kiwi vorsichtig schälen und dann zu Würfeln schneiden.

3) Die halbe Grapefruit aus der Schale lösen und in Stücke schneiden.

4) Die Haferflocken gemeinsam mit den Cornflakes in eine Schüssel geben und mit der Buttermilch vermengen. Alles kurz durchziehen lassen und je nach Geschmack anschließend noch mit Süßstoff nachsüßen.

5) Für den Vitamin-Drink die Grapefruit und die Orange entsaften und anschließend den Saft mit den Weizenkeimen verquirlen.

6) Alles gut durchziehen lassen und genießen.

10.8 Trockenfrucht Sportler-Müsli

Zubereitungszeit: 10 Minuten

Portionsgröße: 2 Portionen

Schwierigkeit: Leicht

Zutaten:

- 4 TL Weizenkeime *(1 TL 2,5 g)*
- 2 TL Pistazien *(1 TL 3g)*
- 10 EL Haferflocken *(1 EL 7g)*
- 200ml Buttermilch, Natur *(200g)*
- 100g Trockenfrüchte, Sweet Valley

Zubereitung:

1) Die Trockenfrüchte sehr kleinschneiden und mit den Weizenkeimen sowie den Haferflocken in einer Schüssel gut vermischen.

2) Die Pistazien klein hacken.

3) Anschließend die Buttermilch über das Müsli geben.

4) Pistazien nach Belieben
   drüberstreuen.

5) Das Müsli vor dem nächsten Schritt
   gut durchziehen lassen.

10.9 Früchte mit Joghurt und Knusperflocken

Zubereitungszeit: 20 Minuten

Portionsgröße: 1 Portion

Schwierigkeit: Leicht

Zutaten:

- 150g Joghurt 1,5% Fett, Gutes Land
- Limettenscheibe *(12g)*
- 60g Erdbeeren
- 2 EL Haferflocken *(1 EL 7g)*
- 4 Aprikosenhälften *(1 Aprikose ohne Stein 50g)*
- 6 EL Aprikosensaft, Granini *(1 EL 9 g)*
- 1 TL Öl *(4g)*

Zubereitung:

1) Das Öl in einer beschichteten Pfanne erhitzen.

2) Darin dann die Haferflocken vorsichtig rösten.

3) Nun die Erdbeeren gut waschen und von grünen Teilen befreien. Die Erdbeeren anschließend vierteln.

4) Die Aprikosen säubern und in Spalten zerteilen.

5) Alle Früchte mischen und mit 1-2 EL Aprikosensaft vermengen, dann kurz ziehen lassen.

6) Jetzt den Joghurt mit dem übrigen Saft vermischen und bei Bedarf mit Süßstoff und Limettensaft abschmecken.

7) Den Joghurt als letztes mit den Früchten anrichten und mit den Knusper-Flocken bestreuen.

10.10 Gesunde Pfannkuchen

Zubereitungszeit: 30 Minuten

Portionsgröße: 2 Portionen

Schwierigkeit: Leicht

Zutaten:

- 100g Weizenmehl
- Salz
- 1 EL Zucker (Xucker) *(15g)*
- 1 Päckchen Vanillesauce
- Butter
- 2 Eier
- 300ml Milch
- 200g Erdbeeren

Zubereitung:

1) Zuerst Eier mit Milch verquirlen, etwas Salz, Xucker und Mehl hinzufügen, verrühren. Vanillesauce nach Anleitung vorbereiten.

2) Mit Butter in der Pfanne Teig portionsweise hinzufügen, nacheinander Pfannkuchen backen.

3) Die Erdbeeren waschen und in Stücke schneiden.

4) Pfannkuchen mit Erdbeerenstücken und Vanillesauce garnieren.

11 Rezepte für Mittagessen

11.1 Fischpfanne mit Frühlingsgemüse

Zubereitungszeit: 30 Minuten

Portionsgröße: 2 Personen

Schwierigkeit: Mittel

Zutaten:

- 2 EL Rapsöl *(10 g)*
- Pfeffer und Salz
- 1 Stange Lauch *(120g)*
- 4 EL Saure Sahne *(1 EL 10g)*
- 300ml Gemüsebrühe *(3,5 g Gemüsebrühe)*
- Dill
- 100g Magerquark
- Cayenne-Pfeffer
- 200g Zuckerschoten
- 4 Fischfilets *(Kabeljaufilet 200g)*
- 1 Zwiebel *(80g)*

- 2 Karotten *(50g)*
- 1 Kohlrabi *(110g)*
- 100g Naturjoghurt

Zubereitung:

1) Zuerst den Lauch waschen und in feine Ringe schneiden. Die Zwiebel schälen und anschließend würfeln. Den Kohlrabi und die Karotte schälen und in Streifen schneiden. Die Zuckerschote waschen.

2) Jetzt das Öl in einer passenden Pfanne erhitzen und Lauch, sowie Zwiebeln darin andünsten. Nach einiger Zeit die Karotte mit dem Kohlrabi dazugeben. Etwas später pfeffern und salzen, dann die Brühe dazugeben.

3) Den Fisch mit dem Zitronensaft beträufeln und mit dem Pfeffer und dem Salz würzen. Die Filets auf das Gemüse legen und alles abgedeckt für 15 Minuten miteinander dünsten.

4) 5 Minuten vor Ablauf der Zeit die Zuckerschoten hinzugeben und mitdünsten.

5) Währenddessen die Sahne mit dem Joghurt und dem Magerquark verrühren.

6) Den Dill vorbereiten und unter die Soße rühren. Alles mit Salz, Pfeffer und Cayenne-Pfeffer würzen.

11.2 Glattbutt sizilianischer Art

Zubereitungszeit: 30 Minuten

Portionsgröße: 2 Portionen

Schwierigkeit: Mittel

Zutaten:

- 2 Fischfilets (Steinbutt, Heilbutt) *250g*
- 1 Zitrone *(80g)*
- 1 Handvoll Rosmarin
- Meersalz
- 3 EL Öl *(1 EL 10g)*
- 1 Spritzer Wein
- 1 Handvoll Kapern
- 4 Sardellen (je *50g*)

Zubereitung:

1) Für später den Backofen auf 200 Grad vorheizen.

2) Den Rosmarin so klein wie möglich zerhacken und dann mit dem Öl verrühren.

3) Dann die trocken getupften Fischfilets in eine feuerfeste Form geben, mit Salz und Pfeffer würzen.

4) Jetzt die Zitronen waschen und dann in feine Scheiben schneiden. Die Scheiben dann gleichmäßig auf die Fischfilets verteilen.

5) Die Kapern über den Fisch geben und darauf die Anchovis legen.

6) Das restliche Öl nun darüber geben.

7) Als letztes einen Spritzer Prosecco oder Weißwein darüber geben.

8) Im Backofen die Filets für 15 Minuten garen.

9) Wenn der Fisch fertig gegart ist, für ein paar Minuten vor dem Servieren ruhen lassen.

11.3 Hähnchen auf Kürbisstampf und Feldsalat

Zubereitungszeit: 40 Minuten

Portionsgröße: 2 Portionen

Schwierigkeit: Mittel

Zutaten:

- 20g Petersilie
- 10g Kürbiskerne
- 300g Kürbis
- 70g Zwiebel
- 80g Feldsalat
- 150g Kartoffeln, mehlig kochend
  2 EL Rapsöl *(10g)*
- 30g Cranberries, getrocknet
- Paprika, edelsüß
- 40ml Kokosmilch
- 40ml Milch, 1,5 % Fett
- 1 EL Balsamicoessig *(9g)*
- 320g Hähnchenbrust, ohne Haut
- Salz und Pfeffer

Zubereitung:

1) Den Salat waschen, trocknen und für später beiseite stellen. Dann die Petersilie waschen und die Blätter grob zerkleinern. Den Salat mit den Kürbiskernen und den Cranberries mischen.

2) Nun den Kürbis in kleine Würfel schneiden.

3) Die Kartoffel ebenso vorbereiten und in Würfel schneiden.

4) Den Kürbis zusammen mit den Kartoffeln in einem Topf aufkochen und für 20 Minuten köcheln lassen.

5) Das Hähnchen 15 Minuten lang in einem Topf mit Öl anbraten lassen und gelegentlich wenden.

6) In einem separaten Topf die Milch und die Kokosmilch vorsichtig erwärmen und zum abgeschütteten Kürbis und Kartoffeln geben. Alles stampfen.

7) Den Balsamicoessig, das Rapsöl, den Pfeffer und etwas Salz zum Salat geben und alles gut durchmischen.

8) Alles mit Petersilie bestreuen und gemeinsam servieren.

11.4 Putencurry mit Reis und Mango

Zubereitungszeit: 35 Minuten

Portionsgröße: 2 Portionen

Schwierigkeit: Mittel

Zutaten:

- 1 Zwiebel
- Etwas Basilikum
- 1 kleine rote Chilischote
- 300g Putengeschnetzeltes
- 2 EL Rapsöl *(1 EL 10 g)*
- 150g Golden Sun-Parboiled-Reis
- 200g Auberginen
- 2 TL Currypulver *(1 TL 4g)*
- 1 Dose geschälte Freshona-Tomaten *(à 425ml / 400g)*
- Salz
- ½ reife Mango *(250g)*
- 100g körniger Frischkäse (10 % Fett)

Zubereitung:

1) Die Zwiebel zuerst schälen und dann würfeln.

2) Dann das Fleisch waschen und wieder trocknen, anschließend in Öl unter gelegentlichem Wenden für 5 Minuten scharf anbraten.

3) Chili zwischendurch putzen, entkernen und fein hacken.

4) Die Pute zwischenzeitlich mit Curry bestreuen und weiter braten.

5) Jetzt mit den Tomaten und der dazugehörigen Flüssigkeit aus der Dose alles ablöschen und weiter aufkochen lassen.

6) Chili dazugeben und mit etwas Salz würzen.

7) Einen Deckel auf die Pfanne geben und alles für 10 Minuten köcheln lassen.

8) Währenddessen den Reis wie auf der Packung angegeben zubereiten.

9) Die Auberginen waschen und würfeln, dann zum Curry dazugeben und für 10 Minuten mit garen.

10) Nun die Mango ebenso vorbereiten und würfeln, für 5 Minuten mit in der Pfanne garen lassen.

11) Als letztes das Curry nach Geschmack abschmecken und gemeinsam mit dem Reis anrichten. Nach Belieben mit Basilikum oder Frischkäse garnieren.

11.5 Frikadellen

Zubereitungszeit:	20 Minuten
Portionsgröße:	2 Portionen
Schwierigkeit:	Leicht

Zutaten:

- 400g Rinderhackfleisch, mager
- 2 TL Tomatenmark *(8g)*
- 1 Zwiebel *(80g)*
- Salz und Pfeffer
- Paprikapulver, edelsüß
- 1 Zehe Knoblauch *(3g)*
- 2 Eier *(1 Ei 55g)*
- 1 Bund Petersilie, fein gehackt *(60g)*
- 2 TL Senf, mittelscharfer *(8g)*
- 2 EL Semmelbrösel *(4g)*
- 1 EL Olivenöl zum Braten *(10g)*

Zubereitung:

1) Zuerst die Zwiebeln kleinhacken und gemeinsam mit der fein gehackten Petersilie, dem Rinderhackfleisch, dem Senf, den Semmelbröseln und dem Tomatenmark vermengen. Alles nach Geschmack würzen.

2) Nach Belieben auch Knoblauch kleinhacken und unter die Masse mischen.

3) Das Ei trennen, für das Rezept wird nur das Eiweiß benötigt. Dieses zu Eischnee schlagen und diesen Eischnee dann unter das Fleisch heben.

4) Am besten die Hände anfeuchten und dann aus dem Fleisch kleine Frikadellen formen.

5) Die Frikadellen für 2 Minuten scharf anbraten.

Tipp: Dazu passt ein leckerer Salat.

11.6 Rotbarsch in Senf-Sauce

Zubereitungszeit: 30 Minuten

Portionsgröße: 2 Portionen

Schwierigkeit: Mittel

Zutaten:

- Etwas Zitronensaft
- 2 große Möhren *(100g)*
- 250ml   Gemüsebrühe   *(3g Gemüsebrühe)*
- 100g Lauch
- 300g Rotbarschfilet
- 2 TL Olivenöl *(4g)*
- 4 EL fettarmer Joghurt *(18g)*
- Salz und Pfeffer
- 1 Stange Staudensellerie *(500g)*
- 2 kleine Kartoffeln *(80g)*
- 2 EL Schmand *(1 EL 40g)*
- 2 EL mittelscharfer Senf *(8g)*

Zubereitung:

1) Die Fischfilets säubern und mit dem Zitronensaft marinieren.

2) Dann das Gemüse waschen und bei Bedarf schälen und in Stifte und Scheiben schneiden. In einem Topf mit etwas Olivenöl andünsten.

3) Den Fisch nun pfeffern und salzen – dann auf das Gemüse legen.

4) Alles mit der Gemüsebrühe begießen und für 15 Minuten köcheln lassen, dabei den Fisch ab und zu wenden.

5) Zwischendurch den Joghurt mit dem Schmand verrühren, je nach Geschmack mit Senf, Salz und Pfeffer abschmecken.

6) Alles anrichten und mit der Senfsoße garnieren.

11.7 Curry mit Schweinefilets

Zubereitungszeit: ca. 30 Minuten

Portionsgröße: 2 Portionen

Schwierigkeit: Mittel

Zutaten:

- 200 g Schweinefilet
- 3 EL Aprikosensaft *(10g)*
- 2 Frühlingszwiebel *(25g)*
- Etwas Süßstoff
- 2 EL Sojasauce
- Einige Basilikumblättchen
- 4 EL Erbsen (aus der Dose) *(15 g)*
- 2 TL Butter *(8g)*
- 1 Aprikose *(ohne Stein 50 g)*
- 2 TL Sesamöl *(4g)*
- Salz und Pfeffer
- 2 TL Currypulver *(4g)*
- 80g Reis
- 11 EL Hühnerbrühe *(33g)*
- 2 EL Stärke *(1 EL 10g)*

Zubereitung:

1) Zuerst den Reis nach Packungsanweisung kochen.

2) Währenddessen das Schweinefilet säubern und anschließend in dünne Streifen schneiden.

3) Die Aprikose halbieren.

4) Die Frühlingszwiebel in feine Ringe schneiden.

5) Mit Butter die Erbsen kurz vor Ende der Kochzeit unter den Reis rühren.

6) In einer Pfanne das Sesamöl erhitzen, um das Fleisch darin scharf anbraten. Sobald es etwas braun geworden ist, herausnehmen und würzen.

7) Im Bratenfonds die Zwiebelringe und das Currypulver andünsten. Nach ein paar Minuten die Sojasauce mit der Hühnerbrühe, dem Aprikosensaft ablöschen und nach Geschmack würzen.

8) Alles gemeinsam aufkochen lassen und am Ende die Aprikose mit dem Fleisch hineingeben.

9) Alles auf einem Teller servieren und mit Basilikum garnieren.

11.8 Überbackener Brokkoli

Zubereitungszeit: 45 Minuten

Portionsgröße: 2 Portionen

Schwierigkeit: Mittel

Zutaten:

- 20 g Butter
- Muskat
- 2 Frühlingszwiebeln mit Grün *(25g)*
- 100ml Milch
- 200ml Gemüsefond
- weißer Pfeffer
- 75g fettreduzierte Salami
- 20g Mehl
- 75g Emmentaler
- 400g Brokkoli (geputzt)

Zubereitung:

1) Zuerst den Brokkoli waschen und dann in Röschen zerteilen. Anschließend für knapp 12 Minuten in einem Topf garen lassen. Nachdem er weich geworden ist, den Sud beim Abgießen auffangen.

2) Die Frühlingszwiebeln in feine Ringe schneiden und dann in einem Topf mit etwas Butter erhitzen. Etwas Mehl darüber geben und unterrühren vorsichtig anschwitzen lassen.

3) Mit etwas Milch ablöschen und rühren, damit es nicht klumpig wird. Dazu den Gemüsefond einrühren und kurz aufkochen lassen.

4) Die Soße je nach Belieben mit den Gewürzen abschmecken.

5) Die Salami würfeln.

6) In einer Gratinform das Gemüse drapieren und die Salami darüber geben und etwas damit vermengen.

7) Die Soße darübergeben und alles mit dem geriebenen Käse bestreuen.

8) Die Form in den Backofen geben und bei 200°C für ca. 15 Minuten backen lassen, bis der Käse schmilzt.

11.9 Lachsschinken mit Pute

Zubereitungszeit:	35 Minuten
Portionsgröße:	2 Portionen
Schwierigkeit:	Leicht

Zutaten:

- 1 Zucchini *(130g)*
- 2 EL Olivenöl *(10g)*
- 30g getrocknete Tomaten
- 2 Karotten *(1 Karotte 50g)*
- 320g Putenschnitzel
- ½ Zitrone *(40g)*
- 4 Stiele Salbei
- 3 Frühlingszwiebeln *je Frühlingszwiebel 25g)*
- 4 Scheiben Lachsschinken *(10g)*
- Salz und Pfeffer

Zubereitung:

1) Die Karotten schälen, die Zucchini putzen und alles dann in feine Streifen schneiden.

2) Die Frühlingszwiebel putzen und dann in feine Ringe schneiden.

3) Dann die Putenschnitzel flachklopfen.

4) Die getrockneten Tomaten sorgfältig in Scheiben schneiden.

5) Die Schnitzel dann mit einem Salbeiblatt und einer halben Scheibe Lachsschinken belegen. Alles mit einem Zahnstocher fixieren.

6) Etwas Öl in der Pfanne erhitzen und dann das Fleisch darin für 2 Minuten scharf anbraten. Anschließend in den Backofen stellen und bei 100 ° C warmstellen.

7) Eine weitere Pfanne mit dem restlichen Öl erhitzen und darin die Frühlingszwiebeln und die Karotten erhitzen, alles für 1 Minute braten.

8) Dann die Zucchini dazugeben und für 1 Minute alles weiter braten.

9) Als nächstes den restlichen, gehakten Salbei mit den trockenen Tomaten dazugeben. Die Zitrone auspressen und darüber geben. Anschließend alles mit den Gewürzen abschmecken.

11.10 Lammfilet mit Bohnen

Zubereitungszeit: 45 Minuten

Portionsgröße: 2 Portionen

Schwierigkeit: Mittel

Zutaten:

- 300g Minikartoffeln
- 4 TL Rapsöl *(1 TL 4g)*
- ½ TL Rosmarinnadeln
- 1 EL Gemüsebrühe *(3g)*
- grobes Meersalz
- 2 Scheiben magerer Speck *(20g)*
- 300g Lammfilet
- 300g grüne Bohnen
- Salz und Pfeffer

Zubereitung:

1) Zunächst die Kartoffeln 20 Minuten in einem Topf kochen lassen.

2) Zwischenzeitlich die Bohnen zunächst säubern und dann in der Brühe für ca. 4 Minuten garen lassen.

3) Die fertig gegarten Bohnen dann zu kleinen Bündeln zusammenfassen und mit dem Speck umwickeln.

4) Öl in einer Pfanne erhitzen und darin dann das Lammfilet beidseitig anbraten, anschließend würzen und 4 Minuten weiter braten lassen.

5) Das Lamm anschließend aus der Pfanne holen und für später warmhalten.

6) Die Bohnen in der Pfanne anraten und garen lassen.

7) Danach die Kartoffeln darin kurz braten, den Rosmarin dabei dazugeben und mit Salz würzen.

12 Rezepte für Abendessen

12.1 Steak mit Senfsauce und Bohnen

Zubereitungszeit: 30 Minuten

Portionsgröße: 2 Portionen

Schwierigkeit: Mittel

Zutaten:

- 300g grüne Bohnen
- 80ml fettreduzierte Sahne *(80g)*
- etwas frisch gemahlener Pfeffer
- 2 EL Olivenöl *(1 EL 10g)*
- 1 ½ EL Dijon-Senf *(1 EL 20g)*
- Salz
- 2 Schalotten *(1 Schalotte 20g)*
- 1 Knoblauchzehe *(3g)*
- 3 Thymian Zweige
- 3 Rosmarin Zweige
- Wasser
- 2 kleine Rindersteaks *(1 Rindersteak 120g)*

Zubereitung:

1) Die Steaks beidseitig salzen und pfeffern. Beide in einer Pfanne mit etwas Öl erhitzen und für 5 Minuten gut durchbraten.

2) Den Backofen auf 80°C vorheizen.

3) Die Steaks nach dem Braten in Alufolie verpacken und für 8 Minuten im Ofen weiter warmstellen. Die Pfanne mit dem Öl für die nächsten Schritte bereithalten.

4) Inzwischen die Schalotten und den Knoblauch vorbereiten, beides schälen und fein hacken.

5) Den Thymian und den Rosmarin waschen und jeweils zwei Zweige für später bereitstellen. Bei den übrigen Zweigen die Blättchen abzupfen und fein hacken.

6) Nun die Bohnen waschen und in ausreichend Salzwasser lang genug

garen lassen, sodass die Bohnen bissfest werden.

7) Währenddessen das restliche Öl in der Pfanne erhitzen und den fein gehackten Knoblauch und die Zwiebeln hineingeben.

8) In die Pfanne nun die übrigen Kräuter geben und dann den Senf vorsichtig einrühren. Die Sahne nach und nach dazugeben und alles für ca. 5 Minuten köcheln lassen, bis die Sauce sämig wird.

12.2 Schweinemedaillons mit Brokkoli-Risotto

Zubereitungszeit: 45 Minuten

Portionsgröße: 2 Portionen

Schwierigkeit: Leicht

Zutaten:

- 250g Brokkoli
- 1 EL saure Sahne *(10g)*
- 1 EL Öl *(10g)*
- 30g geriebener Parmesankäse
- 160g Schweinefilet
- 1 Zwiebel *(80g)*
- 100g Tomate
- 15g Butter oder Margarine
- 70g Risotto und Paella Reis
- 250ml Hühnerbouillon *(3g Hühnerbrühe)*
- Salz und Pfeffer
- 30g Mandelstifte

Zubereitung:

1) Zunächst den Brokkoli waschen und die Röschen abtrennen. Den Stiel nicht wegwerfen, sondern für später fein würfeln.

2) Dann die Mandeln in einer Pfanne, möglichst ohne Fett rösten und dann für später herausnehmen.

3) Die Zwiebel schälen und kleinwürfeln. Als nächstes in einem Topf etwas Fett erhitzen und die Zwiebel dann glasig andünsten. Nach ein paar Minuten den Reis und etwas mehr als die Hälfte der Mandeln hinzufügen. Die Brühe und dann vorsichtig den Brokkoli dazugeben. Alles mit etwas Salz versehen.

4) Die Mischung für ca. 20 Minuten köcheln lassen, bis der Reis bissfest geworden ist.

5) In der Zwischenzeit das Schweinefilet in kleine Stücke schneiden und in einer Pfanne mit Öl für 6 Minuten unter Wenden anbraten lassen. Alles pfeffern und salzen. Als nächstes die Tomate halbieren und das Fruchtfleisch entfernen. Den Rest in Würfel schneiden und mit in die Pfanne geben.

6) Die Medaillons mit der Sahne und Brühe ablöschen und aufkochen lassen. Alles mit Gewürzen abschmecken. Den Käse dem Risotto beimengen und alles gemeinsam anrichten. Die restlichen Mandeln zum Garnieren nehmen.

12.3 Überbackene Schnitzel

Zubereitungszeit: 45 Minuten

Portionsgröße: 2 Portionen

Schwierigkeit: Leicht

Zutaten:

- 280g Kartoffeln
- 50g Lauchzwiebeln
- 50g Mozzarella-Käse
- Salz und Pfeffer
- 2   Schweineschnitzel   *(1 Schweineschnitzel 125g)*
- 100g Karotten
- 200ml   Gemüsebrühe   *(2,5g Gemüsebrühe)*
- 2g Bindemittel
- 100g Brokkoli
- 1 EL Öl *(10g)*
- 100g Champignons

Zubereitung:

1) Zunächst die Kartoffeln schälen, dann für ca. 20 Minuten in gesalzenem Wasser garkochen lassen.

2) Den Brokkoli putzen und die Röschen vom Stiel abtrennen. Anschließend in kochendem Salzwasser für knapp 15 Minuten andünsten.

3) Währenddessen die Karotten schälen und fein würfeln.

4) Nach 6 Minuten Garzeit die Karotten zum Topf mit Brokkoli hinzufügen.

5) In einer Pfanne etwas Öl erhitzen und die Schnitzel darin beidseitig braun anbraten. Mit Salz und Pfeffer würzen und für später beiseite stellen.

6) Die Lauchzwiebeln und die Pilze säubern, anschließend in feine Ringe schneiden.

7) In derselben Pfanne die geputzten und in Scheiben geschnittenen Pilze anbraten, zusammen mit den Lauchzwiebeln.

8) Auf die Schnitzel die Mozzarellascheiben verteilen. Für die Sauce in der Pfanne den Bratfond mit der Gemüsebrühe vermengen und bei Bedarf nachwürzen.

9) Die Schnitzel im Ofen für ca. 5 Minuten bei 200 ° C überbacken.

12.4 Gulasch aus Kartoffeln

Zubereitungszeit: 60 Minuten

Portionsgröße: 2 Portionen

Schwierigkeit: Mittel

Zutaten:

- 1 ½ Zwiebeln (1 Zwiebel 80g)
- 2 EL Pilze getrocknet (1 EL 3g)
- Etwas Essig
- 2 Lorbeerblätter
- Salz und Pfeffer
- 2 Wiener Würstchen (1 Wienerwurst 100g)
- 350ml Gemüsesuppe (4g Gemüsebrühe)
- etwas Öl
- Messerspitze Kümmel ganz
- 2 Wacholderbeeren zerdrückt (2g)
- 1 TL Majoran gerebelt (1g)
- Paprikapulver
- 3 Kartoffeln *(1 Kartoffel 190g)*

- Etwas Wasser
- 1 EL Mehl

Zubereitung:

1) Zuerst die Zwiebel würfeln und in einer Pfanne mit Öl glasig andünsten.

2) Als nächstes die Pilze in heißem Wasser einweichen lassen.

3) Dann mit den Zwiebeln und der Suppe aufgießen und weiter dünsten lassen.

4) Die Beeren, den Majoran und den Kümmel dazugeben und ein paar Minuten lang weiter dünsten lassen. Den Essig und das Paprikagewürz dazugeben.

5) Die restliche Suppe hinzufügen.

6) Nun die Kartoffeln schälen und in beliebig große Stücke schneiden. Zum Topf dazugeben und mit kochen.

7) Die Würstchen kleinschneiden und mit den Lorbeerblättern für 30 Minuten weiter kochen.

8) Immer wieder mit Wasser aufkochen.

9) In einem Glas etwas Saft geben und dann mit Mehl glattrühren.

10) Das Gemisch unter die anderen Zutaten geben und verrühren.

11) Für weitere 10 Minuten kochen lassen.

12.5 Gefüllte Zucchinihälften

Zubereitungszeit:	35 Minuten
Portionsgröße:	2 Portionen
Schwierigkeit:	Mittel

Zutaten:

- 1 Zucchini *(130g)*
- 75g Reis (gekocht)
- 2 EL Öl *(1 EL 10g)*
- 40g Champignons
- ¼ Bund Petersilie *(15g)*
- 2 Knoblauchzehen *(je 3g)*
- ½ Zwiebel *(40g)*
- 1 Ei *(55g)*
- 125g Faschiertes
- Ein Schuss Rindssuppe
- 25g Käse (gerieben)
- Pfeffer und Salz

Zubereitung:

1) Zuerst die Zucchini säubern und dann der Länge nach schneiden und halbieren. Die Hälften dann entkernen und für später beiseitelegen.

2) Die Zwiebeln schälen und so fein wie möglich würfeln.

3) Als nächstes die Champignons waschen und möglichst fein hacken.

4) Die Zucchini in etwas Rindssuppe für 5 Minuten kochen lassen.

5) In einer Pfanne die Zwiebeln kurz rösten lassen. Dann die Champignons, das Faschierte, die Petersilie und die Champignons dazugeben und rösten.

6) Dann alles mit Pfeffer und Salz, sowie dem Zitronensaft abschmecken. Als letztes das Ei und den gekochten Reis dazugeben.

7) Die Zucchinihälften mit der Füllung belegen und dann mit dem Käse

8) bestreuen.

9) Alles bei 250 ° C für 10 Minuten im Ofen backen.

12.6 Gemüse Pfanne mit Scampi

Zubereitungszeit: 30 Minuten

Portionsgröße: 2 Portionen

Schwierigkeit: Mittel

Zutaten:

- 10 kleine Tomaten *(1 Tomate 50g)*
- 2 Lauchzwiebeln *(je 25g)*
- 2 Knoblauchzehe *(je 3g)*
- 8 geschälte Garnelen *(je 14g)*
- 1 TL Olivenöl *(4g)*
- Salz und schwarzer Pfeffer
- 4 Limettenscheiben *(je 12g)*
- 8 schwarze Oliven *(je, ohne Stein 3g)*
- 2 EL Parmesan *(1 EL 3g)*
- Basilikumblätter zum Garnieren

Zubereitung:

1) Zuerst die Tomaten waschen und anschließend halbieren. Die Lauchzwiebeln ebenso säubern und dann in feine Ringe schneiden. Den

Knoblauch dann durch eine Knoblauchpresse drücken.

2) Die Garnelen waschen und anschließend trocken werden lassen. Das Öl in einer möglichst ofenfesten Pfanne erhitzen. Die Garnelen mit dem Knoblauch für 3-4 Minuten braten. Danach mit Salz und Pfeffer nach Belieben würzen.

3) Als nächstes das Gemüse und die Limettenscheiben dazugeben und weitere 3 Minuten mitbraten. Erneut würzen.

4) Jetzt die Oliven beigeben und untermischen.

5) Alles mit Parmesan bestreuen

6) Im vorgeheizten Backofen mit Umluft 200°C für ca. 5 Minuten überbacken. Je nach Geschmack mit Basilikum garnieren.

12.7 Karotten- / Kartoffel-Eintopf

Zubereitungszeit: 30 Minuten

Portionsgröße: 2 Portionen

Schwierigkeit: Mittel

Zutaten:

- ½ Zwiebel *(40g)*
- 125ml   Gemüsebrühe   *(1,5g Gemüsebrühe)*
- 250g Kartoffeln
- 250g Karotten
- Thymian
- Butter
- Petersilie
- Pfeffer und Salz
- Prise Zucker

Zubereitung:

1) Zuerst die Kartoffeln und die Zwiebel schälen und anschließend in Würfel schneiden.

   Die Karotten ebenso schälen und dann in Scheiben schneiden.

2) Den Lauch säubern und in feine Ringe schneiden.

3) Die drei Zutaten zusammen mit der Butter für 5 Minuten in einem Topf garen lassen.

4) Die Brühe hinzufügen und mit den Gewürzen (außer der Petersilie) nach Geschmack würzen.

5) Für ca. 20 Minuten alles zusammen garen lassen.

6) Als letztes die Petersilie über den Eintopf streuen.

12.8 Süßkartoffel-Kräuter-Eintopf

Zubereitungszeit: 15 Minuten

Portionsgröße: 2 Portionen

Schwierigkeit: Mittel

Zutaten:

- 250ml Gemüsebrühe
- ½ EL Speisestärke (5g)
- 2 EL Olivenöl
- Pfeffer und Salz
- 500g Süßkartoffeln
- 2 Knoblauchzehen (je 3g)
- 150g Karotten
- 1 Stange Lauch (150g)
- ½ Bund Schnittlauch (15g)
- 100g Schmand

Zubereitung:

1) Zuerst die Süßkartoffeln, die Karotten und den Lauch vorbereiten. Dazu die Karotten und die Kartoffeln schälen und in Stücke schneiden, den Lauch in kleine Ringe schneiden.

2) Anschließend den Knoblauch in kleine Stücke hacken.

3) In einem Topf mit dem Olivenöl die Karotten, den Knoblauch und den Lauch andünsten.

4) Nach ein paar Minuten die Gemüsebrühe und die Kartoffeln dazugeben und alles mit Pfeffer und Salz würzen.

5) Den Topf abgedeckt 30 Minuten köcheln lassen.

6) Den Schnittlauch säubern und dann in Röllchen schneiden.

7) Die Petersilienblättchen abzupfen und ebenfalls fein hacken.

8) Als letztes den Schmand unter das Gemüse rühren und die klein gehackten Kräuter darübergeben

12.9 Wokgemüse

Zubereitungszeit: 10 Minuten

Portionsgröße: 2 Portionen

Schwierigkeit: Leicht

Zutaten:

- Etwas Kurkuma
- 1 EL Rapsöl *(10g)*
- ½ Brokkoli *(175g)*
- 50g Erbsenschoten
- ½ Zucchini *(65g)*
- 25 g Sojasprossen
- 1 EL Sojasauce *(10g)*
- Prise Chilipulver
- Salz und Pfeffer
- 1 ½ Paprikaschote *(ca. 180-200g)*
- 100g Basmatireis oder Langkornreis

Zubereitung:

1) Das Gemüse waschen und je nach Wunsch zerkleinern, würfeln oder in Scheiben schneiden.

2) Den Reis je nach Packungsbeschreibung zubereiten und je nach Geschmack auch Kurkuma hinzufügen.

3) Jetzt das Öl in einem Wok erhitzen und darin das Gemüse für 15 Minuten anbraten.

4) Alles mit den restlichen Zutaten abschmecken.

12.10 Kichererbseneintopf mit Reis

Zubereitungszeit: 60 Minuten

Portionsgröße: 2 Personen

Schwierigkeit: Mittel

Zutaten:

- 175g parboiled Reis
- 1 Zehe Knoblauch *(ca. 3g)*
- 1 EL Öl *(10g)*
- ½ Zucchini *(65g)*
- 1 Gemüsezwiebel *(230g)*
- Etwas Schwarzkümmel
- Cayennepfeffer
- 150g Spinat
- Paprikapulver
- 1 Dose Kichererbsen (Konserve abgetropft ca. *400g)*
- 250g Tomaten, stückig
- Zimt
- 1 EL Tomatenmark
- Salz und Pfeffer

Zubereitung:

1) Zunächst den Reis je nach Packungsbeilage kochen und zubereiten.

2) Den Knoblauch, sowie die Zwiebel schälen und jeweils in Würfel schneiden.

3) Die Kichererbsen und die Zucchini waschen. Die Zucchini dann würfeln.

4) In einer ausreichend großen Pfanne die Gewürze mit ausreichend Öl und dem Tomatenmark verrühren. Sobald alles dunkel wird, die Zwiebel und die Zucchini hinzugeben und mitbraten.

5) Nach 4 Minuten den Knoblauch und die Kichererbsen ebenfalls hinzufügen und 5 Minuten braten lassen.

6) Die gestückelten Tomaten darübergeben und 10 Minuten mit köcheln lassen.

7) Zwischenzeitlich den Spinat vorbereiten und erst kurz vor Ende der Kochzeit unter den Eintopf geben.

8) Alles mit Reis servieren.

13 Rezepte für Desserts

13.1 Bananenkuchen

Zubereitungszeit: 15 Minuten

Portionsgröße: 12 Portionen

Schwierigkeit: Leicht

Zutaten:

- 2 Bananen (1 Banane 115g)
- 200g Diabetikerzucker
- 2 EL Wasser
- 300g Dinkelvollkornmehl
- Salz
- 2 Eier
- 100g Haselnüsse
- 2 TL Backpulver
- 1 Päckchen Vanillearoma (5g)
- 110g Butter, weich
- 1 TL Ingwerpulver (4g)
- 100g Diätschokolade

Zubereitung:

1) Passende Form einfetten.

2) Zucker, Vanillearoma, Butter, sowie Eier schaumig rühren, während dessen Wasser untergeben. Backpulver, Ingwer, Prise Salz, Mehl, Haselnüsse und Schokolade vermengen und dann daruntermischen. Mit einer Gabel die Bananen quetschen und untermischen.

3) Teig gleichmäßig in die Form geben.

4) Im Backofen bei 180 °C Ober-/Unterhitze für ca. 75 Min. backen.

13.2 Märchenkuchen

Zubereitungszeit: 25 Minuten

Portionsgröße: 1 Kuchen (ca. 12 Portionen)

Schwierigkeit: Leicht

Zutaten:

- Salz
- 200g Cologrin
- Backpulver
- 3 EL Kakaopulver
- 350g Mehl
- Fett für die Form
- 2 Vanillinzucker-Päckchen
- Butter-Vanille-Aroma
- Zitronen-Schale
- 150ml Öl *(150g)*
- 5 Eier *(1 Ei 55g)*
- 50g Krokant
- 1 Glas Kirschen *(350g)*
- 200ml Eierlikör *(200g)*
- etwas Amaretto

Zubereitung:

1) Backofen auf 160°C Umluft vorheizen. Kuchenform einfetten.

2) Öl mit Eierlikör vermischen. In einer Schüssel Cologrin, Aroma, Salz, Eier, Vanillinzucker, sowie die Zitronenschale vermengen. Dann Backpulver und Mehl einarbeiten.

3) Nun die Hälfte des Teiges in die Form geben.

4) Kirschen abtropfen lassen und darauf verteilen. Übrigen Teig mit Amaretto und Kakao anrühren. Krokant nach Geschmack dazugeben.

5) Für etwa 80 Minuten im Ofen backen.

13.3 Schokokuchen

Zubereitungszeit: 25 Minuten

Portionsgröße: 1 Kuchen (ca. 12 Portionen)

Schwierigkeit: Leicht

Zutaten:

- 180g Mehl
- 45g Kakaopulver
- 2 TL Backpulver *(4g)*
- 200 ml Milch
- 3 Eier
- 150g Fruchtzucker
- 200g Margarine

Zubereitung:

1) Den Backofen auf 200°C Umluft vorheizen.

2) Fruchtzucker mit Margarine schaumig schlagen. Eier nacheinander dazugeben.

3) Gesondert Mehl sieben, Kakao und Backpulver vermengen, dann zur Eiermasse geben. Die Milch dazu rühren.

4) Teig in die gefettete Form füllen, für ca. 40 Minuten backen.

13.4 Orangen-Birnen-Porridge

Zubereitungszeit:	10 Minuten
Portionsgröße:	2 Portionen
Schwierigkeit:	Leicht

Zutaten:

- Salz
- Etwas Vanillearoma
- 2 Birnen *(200g)*
- 1 Passionsfrucht *(90g)*
- 1 TL Honig *(9g)*
- 200ml
- 100g Haferflocken
- 1 Orange *(150g)*

Zubereitung:

1) Birnen halbieren und Kerngehäuse abtrennen. Hälften auf der Schnittfläche für einige Minuten leicht anbraten.

2) Orangenschale abreiben. Dann Orange auspressen. Passionsfrucht durchschneiden, das Fruchtfleisch herauslösen. Passionsfrucht und Orangensaft mit 1 TL Honig vermischen.

3) Haferflocken in erhitzte Milch hineinrühren und aufkochen lassen.

4) Vanillearoma auf die Birnen geben.

5) Alles anrichten.

13.5 Muffins aus Haferflocken

Zubereitungszeit: 35 Minuten

Portionsgröße: ca. 9 Muffins

Schwierigkeit: Leicht

Zutaten:

- 1 EL Backpulver *(10g)*
- Salz
- 150g Vollkornmehl
- 50g Haferflocken
- 30g ungesüßter Apfelmus
- 20g Rosinen
- 20g Stevia
- Etwas Zimt
- 1 Ei
- 120ml Milch
- 1 TL Vanilleextrakt *(4g)*

Zubereitung:

1) Backofen auf 180 ° C vorheizen.

2) Milch erhitzen und mit Haferflocken verrühren, für 15 Minuten quellen lassen.

3) Apfelmus mit den Eiern verquirlen und die Haferflocken hinzufügen.

4) Übrige Zutaten vermischen. Mehl in die Mischung mischen und verrühren. Teig in eine Muffinform verteilen.

5) Für ca. 25 Minuten ausbacken.

13.6 Chia-Joghurt

Zubereitungszeit:	10 Minuten
Portionsgröße:	2 Portionen
Schwierigkeit:	Leicht

Zutaten:

- 30g Chia-Samen
- 2 EL Amaranth-Pops
- 300g Joghurt
- 2 Clementinen *(je 125g)*
- Etwas Zimt
- 30g Zartbitterschokolade
- 30g Haselnüsse
- 1 Banane *(ca. 115g)*
- 1 TL Vollrohrzucker

Zubereitung:

1) Chiasamen mit Joghurt, sowie Vollrohrzucker vermischen.

2) Clementinen schälen und zerteilen. Banane erst schälen, dann mit Clementinen mischen, mit Zimt pürieren.

3) Haselnüsse und Schokolade zerhacken.

4) Alles abwechselnd in zwei Gläser aufschichten und mit einer Schicht Püree beenden.

5) Mit Haselnüssen, Schokolade und gepufftem Amaranth garnieren.

13.7 Kokosmuffins Tutti-Frutti

Zubereitungszeit: 30 Minuten

Portionsgröße: ca. 12 Stück

Schwierigkeit: Leicht

Zutaten:

- 150g Zucker
- 125g Ananas
- 50g Weizenvollkornmehl
- 100g Kokosflocken
- ½ Päckchen Backpulver
- 100g Weizenmehl
- 3 Eier
- 150ml Sonnenblumenöl *(150g)*
- 100g Mandarinen

Zubereitung:

1) Öl, Zucker und Eier schaumig schlagen.

2) Weizenmehl mit 75 g Kokosflocken, Backpulver und Weizenvollkornmehl vermischen und unter Ölmischung geben. Mandarinen und Ananas abtropfen lassen. Ananas kleinschneiden. Zum Garnieren nach Belieben Früchte beiseite stellen. Dann Früchte unter den Teig geben.

3) Muffinformen mit Teig befüllen. Restliche Kokosflocken zum Garnieren nutzen, beiseitegelegte Früchte ebenso.

4) Bei 180 ° C für ca. 20 Minuten backen.

13.8 Papaya-Creme

Zubereitungszeit:	10 Minuten
Portionsgröße:	2 Portionen
Schwierigkeit:	Leicht

Zutaten:

- 2 EL Süßstoff *(1 EL 10 g)*
- ½ Flasche Rum-Aroma
- 800g Papaya
- 200g Joghurt
- 1 TL Zimt

Zubereitung:

1) Papaya halbieren und die Steine entfernen.

2) Schale entfernen, dann kleine Stücke schneiden.

3) Papayastücke gut zerdrücken oder pürieren.

4) Joghurt unter die Papayamasse
   rühren.

5) Süßstoff, Zimt, Süßstoff und Aroma
   hinzugeben.

13.9 Himbeereis

Zubereitungszeit: 15 Minuten

Portionsgröße: 2 Portionen

Schwierigkeit: Leicht

Zutaten:

- 150g Himbeeren
- 250ml Milch
- 2 EL Süßstoff *(1 EL 10 g)*

Zubereitung:

1) Milch mit Himbeeren mit dem Pürierstab pürieren, für eine cremige Konsistenz. Eventuell nachsüßen.
2) Einfrieren und genießen.

13.10 Windbeutel

Zubereitungszeit: 90 Minuten

Portionsgröße: 10 Portionen

Schwierigkeit: Mittel

Zutaten:

- 24g Diabetikersüße
- Salz
- 2 Eier *(1 Ei 55g)*
- 100g fester Rahmjoghurt (10% Fett)
- 70g Mehl, gesiebt
- 30g Margarine
- 200g Schlagsahne
- 100g Preiselbeeren für Diabetiker

Zubereitung:

1) In einem Topf 125 ml Wasser, Salz und Fett kochen. Mehl hinzufügen und Teig bearbeiten, bis er sich ablöst.

2) In eine Schüssel Ei unter den Teig heben. Für 10 Minuten ruhen lassen und weiteres Ei unterheben. Mit einem Spritzbeutel den Teig auf Backblech mit Backpapier geben (10 Portionen).

3) Im Backofen auf 200 ° C für ca. 25 Minuten backen.

4) Danach die Windbeutel aufschneiden, auskühlen lassen.

5) Nun Sahne steif schlagen, Diabetikersüße hinzufügen.

6) Joghurt dazugeben.

7) Mit einem Spritzbeutel die Windbeutel etwas befüllen. Jeweils 1 Teelöffel Konfitüre darauf geben.

8) Rest darauf spritzen und die Deckel darüberstülpen. Mit etwas

9) Diabetikersüße bestäuben.

14 Rezepte für Smoothies

14.1 Avocado Kiwi Smoothies

Zubereitungszeit: 10 Minuten

Portionsgröße: 2 Portionen

Schwierigkeit: Leicht

Zutaten:

- 1 große Avocado ohne Stein
- 2 geschälte Kiwis
- 300g grüne, kernlose Weintrauben
- 1 großer, entkernter Apfel
- 100ml Wasser
- 150g Crushed Eis
- 5 Blätter Minze

Zubereitung:

1) Die Avocado schälen und das Fruchtfleisch herauslösen
2) Die Kiwis schälen
3) Die Weintrauben waschen

4) Den Apfel waschen und vierteln. Dann die Kerne entfernen

5) Geben Sie die Minze in den Mixer und dann alle anderen Zutaten

6) Pürieren Sie alles bis ein lecker Smoothie entsteht.

14.2 Kiwi Ananas Apfel Smoothie

Zubereitungszeit: 12 Minuten

Portionsgröße: 2 Portionen

Schwierigkeit: Leicht

Zutaten:

- 1 grüner Apfel, entkernt
- ½ Ananas, geschält
- 1 Handvoll Spinat
- 1 Kiwi, geschält
- 1 kleines Stück Ingwer
- 1 Schuss Limettensaft
- etwas frische Minze

Zubereitung:

1) Den Apfel waschen, und in grobe Stücke schneiden. Die Kerne entfernen

2) Die halbe Ananas schälen.

3) Die Kiwi schälen.

4) Den Spinat unter frischem Wasser waschen.

5) Das Stück Ingwer schälen.

6) Geben Sie alle Zutaten in den Mixer und stellen Sie einen köstlichen Smoothie her.

14.3 Salat Smoothie Variation

Zubereitungszeit: 10 Minuten

Portionsgröße: 2 Portionen

Schwierigkeit: Leicht

Zutaten:

- 200g roter Salat
- 200g grüner Salat
- 50g Stangensellerie
- 1 Fenchel
- 2 Äpfel, entkernt
- ¼ Zitrone oder Limette mit Schale
- 1 Stück geschälten Ingwer

Zubereitung:

1) Roten und grünen Salat unter frischem Wasser kurz waschen.

2) Die Stangensellerie unter frischem Wasser waschen.

3) Die beiden Äpfel entkernen.

4) Den Ingwer schälen.

5) Zuerst den Salat in den Mixer geben dann die restlichen Zutaten zugeben.

6) Alles zu einem Smoothie vermixen.

14.4 Salat-Himbeer-Smoothie

Zubereitungszeit: 10 Minuten

Portionsgröße: 2 Portionen

Schwierigkeit: Leicht

Zutaten:

- 150ml stilles Wasser
- 50-80g Himbeeren
- 6 Blätter Kopfsalat
- 1 Pfirsich, ohne Kern

Zubereitung:

1) Den Kopfsalat mit frischem Wasser waschen.

2) Die Himbeeren unter frischem Wasser waschen.

3) Den Pfirsich halbieren und den Kern entfernen.

4) Alle Zutaten in den Smoothiemixer geben. Zuerst jedoch den Salat.

5) Alles zu einem leckeren Smoothie mixen.

14.5 Joghurt-Smoothie

Zubereitungszeit: 10 Minuten

Portionsgröße: 2 Portionen

Schwierigkeit: Leicht

Zutaten:

- 100g Baby Spinat
- 75g griechischen Joghurt
- 50ml Mandel- / Kokosmilch *(50 g)*
- 25g Himbeeren
- 1 gehackter Apfel *(135 g)*

Zubereitung:

1) Den Spinat waschen und dann abtropfen lassen.

2) Die Himbeeren säubern.

3) Den Apfel ebenfalls waschen, kleinschneiden und entkernen.

4) Alle Zutaten miteinander pürieren und im Glas servieren.

14.6 Beeren-Smoothie

Zubereitungszeit: 15 Minuten

Portionsgröße: 2 Portionen

Schwierigkeit: Leicht

Zutaten:

- 1 Banane *(115g)*
- 200g Erdbeeren
- 400g Goji-Beeren
- 1 Granatapfel *(400g)*
- Etwas Honig

Zubereitung:

1) Granatapfelkerne entfernen. Banane schälen und in Scheiben schneiden. Erdbeeren säubern und in Stücke schneiden.

2) Alle Zutaten pürieren. Kaltes Wasser bei Bedarf ergänzen. Honig zum Süßen verwenden.

14.7 Tomaten-Gurken-Smoothie

Zubereitungszeit: 10 Minuten

Portionsgröße: 2 Portionen

Schwierigkeit: Leicht

Zutaten:

- 250g Kirschtomaten
- Chilipulver
- 100ml Kefir *(100g)*
- Salz, Pfeffer
- 2 Stiele Dill
- Eiswürfel
- 250g Salatgurke

Zubereitung:

1) Gurke schälen, halbieren, Fruchtfleisch herauslöffeln. Tomaten säubern und halbieren. Dill abzupfen.

2) Alle Zutaten in den Mixer geben, würzen und pürieren.

14.8 Rote-Beete-Kefir

Zubereitungszeit: 5 Minuten

Portionsgröße: 2 Portionen

Schwierigkeit: Leicht

Zutaten:

- 100g Kefir, fettarmer
- Salz, Pfeffer
- 100ml Karottensaft *(100g)*
- Eiswürfel
- 1 EL Zitronensaft
- 2 Stiele Petersilie
- 100ml Rote Bete-Saft

Zubereitung:

1) Säfte und Kefir durchmixen. Mit Salz und Pfeffer würzen.

2) Petersilie von den Stielen zupfen.

3) Drink mit Eiswürfeln servieren. Mit den Petersilienblättern garnieren.

14.9 Heidelbeer-Smoothie

Zubereitungszeit: 5 Minuten

Portionsgröße: 2 Portionen

Schwierigkeit: Leicht

Zutaten:

- 1 TL Honig
- 4 EL Orangensaft
- 200g Heidelbeeren
- 300ml Buttermilch
- etwas Vanillemark

Zubereitung:

1) Heidelbeeren waschen und abtropfen lassen.

2) Alle Zutaten zusammen in einem Mixer pürieren.

3) Drink vor dem Verzehr nach Belieben kalt stellen.

14.10 Erdbeer-Mango-Drink

Zubereitungszeit: 10 Minuten

Portionsgröße: 2 Portionen

Schwierigkeit: Leicht

Zutaten:

- Etwas Süßstoff
- 400ml Buttermilch
- 4 EL Instant-Haferflocken
- 100g Mango
- 4 EL Zitronensaft
- 120g Erdbeeren

Zubereitung:

1) Die Mango schälen und das Fruchtfleisch herauslösen.

2) Die Erdbeeren säubern und das Grün abschneiden.

3) Alle Zutaten gemeinsam pürieren und anrichten.

15 Smoothie-Maker + Stabmixer

Hier kann ich Dir meinen Smoothie-Maker ans Herz legen:

https://amzn.to/2VZ5Gh8

Und mein **Stabmixer** hat auch schon einiges ausgehalten bzw. aushalten müssen☺:

https://amzn.to/3gB3jdS

Stabmixer mit 21 Geschwindigkeitsstufen und Turbo-Taste!!!

16 Quellenangaben

https://www.zentrum-der-gesundheit.de/intermittierendes-fasten-gegen-krebs.html

https://eatsmarter.de/gesund-leben/fitness/am-effektivsten-fett-verbrennen

https://www.chefkoch.de/rezepte/6006511 59796973/Brennnessel-Gemuese.html

https://www.geo.de/wissen/ernaehrung/vit amin-lexikon/20615-rtkl-brennnesseln-diese-vitamine-stecken-drin

https://www.gesundheit.de/ernaehrung/na ehrstoffe/vitamine/erdbeeren-leckere-vitamin-c-bomben

https://www.naturheilkunde.de/vitamin-c-infusion.html

https://de.wikipedia.org/wiki/Vitamin_C

https://www.netdoktor.de/ernaehrung/vita min-c/

www.amazon.de/dp/B08BR14Y5L

https://de.wikipedia.org/wiki/Brennnesseln

https://www.youtube.com/watch?v=3qkLKn Ih9sE

https://www.netdoktor.de/ernaehrung/vita min-c/ueberdosierung/

www.amazon.de/dp/B08N8P8V64

https://healthyhappy.de/abnehmen-am-bauch/

www.amazon.de/dp/B08B37VVQG

https://www.speckkiller.de/

https://praxistipps.focus.de/am-bauch-abnehmen-als-frau-die-7-besten-tipps-zur-fettverbrennung_105362

www.amazon.de/dp/B08K3V1Y6K

https://www.focus.de/gesundheit/ratgeber/krebs/fast-1-million-krebsfaelle-weltweit.html

www.amazon.de/dp/B08BZC8FBV

17 Rückgaberecht

Wie schon am Anfang des Buches erwähnt, hast Du ein 100%-iges Rückgaberecht (bis einschließlich 10 Tage nach dem Kauf). Um Verbesserungen zu erreichen, und Du am Ende auch den Anschaffungspreis auf Dein Konto bekommst, ist es ausreichend, ein DIN A4-Formular mit 5 einfachen Fragen auszufüllen (dieses ist dann innerhalb von 14 Tagen an mich per E-Mail zu senden). Nach Erhalt und Prüfung der Plausibilität erfolgt die Banküberweisung innerhalb von maximal 30 Tagen!

18 Impressum

Dieses Werk, einschließlich aller seiner Teile ist urheberrechtlich geschützt. Jede Verwertung (auch auszugsweise) ist nur mit schriftlicher Genehmigung des Autors zulässig. Darunter fallen alle anderen Formen der Veröffentlichung – einschließlich ebooks, Taschenbücher, Hardcover, Hörbücher, usw.

Die Wiedergabe von Gebrauchsnamen, Handelsnamen, Warenbezeichnungen, usw. in dem vorliegenden Werk berechtigt auch ohne besondere Kennzeichnung nicht zur Annahme, dass solche Namen im Sinne der Warenkennzeichen- und Markenschutzgesetzgebung als frei zu betrachten wären und daher von jedermann benutzt werden dürfen.

Der Autor bzw. die Autorin übernimmt keinerlei Gewähr für die Aktualität, Korrektheit, Vollständigkeit oder Qualität der bereit gestellten Informationen. Ebenso entfallen jegliche Haftung oder Ansprüche bei Verwendung externer Links (wie z.B.

Internetseiten oder allen anderen sonstigen Internetangeboten). Haftungsansprüche gegen den Autor bzw. die Autorin, welche sich auf Schäden materieller oder ideeller Art beziehen, die durch die Nutzung oder Nichtnutzung der dargebotenen Informationen bzw. durch die Nutzung fehlerhafter und unvollständiger Informationen verursacht wurden, sind grundsätzlich und zu 100% ausgeschlossen (auch bei fahrlässigem oder grob fahrlässigem Verschulden). Versatz ist hiervon ausgenommen.

Zudem werden in diesem Buch grundsätzlich keine Empfehlungen zu einer konkreten Anwendung oder Vorgehensweise gegeben, noch soll der Leser dazu animiert werden, irgendwelche Bewusstseinsformen einzunehmen, egal ob in den einzelnen Fällen explizit ausgedrückt oder nicht. Der Autor bzw. die Autorin trägt für die Handlungen des Lesers, die auf das Buch zurück zu führen sind oder sein sollten, keinerlei Verantwortung.

Post bitte an:

Clara-Day@gmx.de

oder

Clara Day

c/o skriptspektor e.U.

Robert-Preußler-Str. 13 / TOP1

5020 Salzburg

AT - Österreich

Printed in Great Britain
by Amazon